U0540771

见识城邦

更新知识地图　拓展认知边界

Die Austreibung des Anderen

Byung-Chul Han

他者的消失

[德]韩炳哲 著 吴琼 译

中信出版集团 | 北京

图书在版编目(CIP)数据

他者的消失/(德)韩炳哲著;吴琼译. -- 北京:
中信出版社, 2019.6(2025.7重印)
ISBN 978-7-5217-0470-9

Ⅰ.①他… Ⅱ.①韩…②吴… Ⅲ.①社会心理—研究 Ⅳ.①C912.6

中国版本图书馆CIP数据核字(2019)第085310号

Die Austreibung des Anderen by Byung-Chul Han
Copyright © S. Fischer Verlag GmbH, Frankfurt am Main, 2017
Simplified Chinese translation copyright © 2019 by CITIC Press Corporation
All Rights Reserved.

本书仅限中国大陆地区发行销售

他者的消失

著　　者：[德]韩炳哲
译　　者：吴琼
出版发行：中信出版集团股份有限公司
　　　　（北京市朝阳区东三环北路27号嘉铭中心　邮编　100020）
承 印 者：北京通州皇家印刷厂

开　　本：787mm×1092mm　1/32　印　张：4.25　字　数：81.6千字
版　　次：2019年6月第1版　　　　　印　次：2025年7月第22次印刷
京权图字：01-2019-2769
书　　号：ISBN 978-7-5217-0470-9
定　　价：35.00元

版权所有·侵权必究
如有印刷、装订问题，本公司负责调换。
服务热线：400-600-8099
投稿邮箱：author@citicpub.com

目 录

同质化的恐怖　*1*

全球化与恐怖主义的暴力　*15*

真实性的恐怖　*29*

恐　惧　*39*

门　槛　*49*

异　化　*53*

对抗体　*59*

目　光　*65*

声　音　*75*

他者之语言　*89*

他者之思考　*101*

倾　听　*107*

注　释　*119*

同质化的恐怖

他者（der Andere）的时代已然逝去。那神秘的、诱惑的、爱欲的（Eros）、渴望的、地狱般的、痛苦的他者就此消失。如今，他者的否定性让位于同者（der Gleiche）的肯定性。同质化的扩散形成病理变化，对社会体（Sozialkörper）造成侵害。使其害病的不是退隐和禁令，而是过度交际与过度消费，不是压迫和否定，而是迁就与赞同。如今的病态时代标志不是压制，而是抑郁（Depression）。具有毁灭性的压力并非来自他人，而是来自内心。

作为一种内部压力，抑郁引发自残行为动向。抑郁的功能主体（Leistungssubjekt）仿佛被自己打死或扼杀。具有毁灭性的不仅仅是他者的暴力。他者的消失触发了另外一个全然不同的毁灭过程，即自我毁灭（Selbstzerstörung）。暴力辩证法无处不在：拒绝他者否定性的体系，会引发自我毁灭动向。

同质化的暴力因其肯定性而不可见。同质化的扩散日渐严重。自某一特定的点开始，生产不再是创造性的，而是破坏性的；信息不再是有启发性的，而是扭曲变形的；交流不再是沟通，而仅仅是言语的堆积而已。

如今，感知（die Wahrnehmung）本身呈现出一种"狂看"（Binge Watching）的形式，即"毫无节制的呆视"（Komaglotzen）。它指的是无时间限制地消费视频和电影。人们持续不断地为消费者提供完全符合他们欣赏品位的、讨他们喜欢的电影和连续剧。消费者像牲畜一样，被饲以看似花样翻新实则完全相同的东西。如今社会的感知模式完全可以用这种"毫无节制的呆视"来概括。同质化的扩散不是癌症性质的，而是昏睡性质的。它并未遭遇免疫系统的抵抗。人们就这样呆视着,直至失去意识。

他者的否定性对患病是负有责任的,虽然他者可介入同一者(das Selbe),促使抗体的形成。与此相反,梗死则源于过多同质化的东西,源于系统的臃肿不堪。这种梗死不具备传染性,而是痴肥所致。针对肥胖无从形成抗体。没有任何免疫系统能阻止同质化的扩散。

他者的否定性给同一者以轮廓和尺度。没有了这一否定性,同质化便会滋长。同一者和同者是有区别的。同一者总是与他者成对出现。与此相反,同者则缺少能限定它、塑造它的辩证的对立面。如此一来,它便肆意滋长成一团不成形的东西。同一者是有形的,一个内部的集合,一个内部世界,这要归功于它与他者的不同。同者则是没有固定形态的。因其缺少辩证对立,从而产生了彼此无差别化,一团蔓生的、不能相互区别的东西:"唯当我们思考区分之际,我们才能说同一。在区分之分解中,同一的聚集着的本质才得以显露出来。同一驱除每一种始终仅仅想把有区别的东西调和为相同的热情。同一把区分聚集为一种原始统一性。相反,相同则使之消散于千篇一律的单调统一中。"1[1]

同质化的恐怖(Terror des Gleichen)席卷当今社会各个生活领域。人们踏遍千山,却未总结任何经验。人们纵览万物,却未形成任何洞见。人们堆积信息和数据,却未获得任何知识。人们渴望冒险、渴望兴奋,而在这冒险与兴奋之中,人们自己却一成不变。人们积累着朋友和粉丝(Follower),却连一个他者都未曾遭遇。社交媒体呈现的恰恰是最低级别的社交。

数字化的全联网(Totalvernetzung)和全交际(Totalkommunikation)并未使人们更容易遇见他者。相反,它恰恰更便于人们从陌生者和他者身边经过,

---

1 译文引自海德格尔:《演讲与论文集》,孙周兴译,三联书店,2005年,第202页。——译者注(后同,不再标注)

无视他们的存在，寻找到同者、志同道合者，从而导致我们的经验视野日渐狭窄。它使我们陷入无尽的自我循环之中，并最终导致我们"被自我想象洗脑"[2]。

他者和"改变"的否定性形成深刻的经验。所谓形成经验是指："某些事情在我们身边发生，我们碰见了它，遭遇了它，被它推翻，被它改变。"[3] 其本质是痛楚。然而同者却不让人感到痛楚。如今，痛楚让位于点赞（Gefällt-mir），这让同者大行其道。

信息唾手可得，而获取深刻的知识却是一个平缓而漫长的过程。它展现出一种全然不同的时间性。知识是慢慢生长成熟的。时至今日，这种慢慢成熟的时间性已经渐渐被我们所遗失。它与当代的时间策略格格不入。如今，人们为了提高效率和生产率而将时间碎片化，并打破时间上稳定的结构。

即便是最大规模的信息积累——大数据，所包含的知识也十分有限。借助大数据所查明的是相关性。相关性表明：如果 A 发生，那么通常 B 也会发生。为何会如此，人们并不知晓。相关性是最原始的知识形式，它甚至无从透露缘由与影响之间的因果关系。事情就是这样。（Es ist so.）寻根究底在这里成了多余的事。人们没有理解任何事情。然而知识却是基于理解的。大数据使思考变得多余。我们不假思索地任自己沉湎于"事情就是这样"。

思考可以通往全然他者（das ganz Andere），它会使同者中断。其中蕴藏着它的事件属性（Ereignischarakter）。与此相反，计算则是同者的无尽重复。与思考截然不同，计算无法产生新的状态。计算看不见事件的存在，而真正的思考却是事件性的。数字化（digital）在法语里叫作numérique。数字化的东西使一切都变成可数的、可比较的。这就使同者得以延续。

深刻的认识（Erkenntnis）也拥有改造力，它产生一种新的意识状态。认识的构架与救赎（Erlösung）类似。其功效尤胜于问题的答案。它让需要救赎者进入一种全然不同的存在状态。

马克斯·舍勒在他的论文《爱与认识》(Liebe und Erkenntnis)中指出，奥古斯丁"以一种奇特的、神秘的方式"赋予植物一种需求："被人类注视着，就好像被爱引导着，认识到了它们的存在，并由此得到了救赎一般。"[4] 如果一朵花内心充满存在感，它就不会有被注视的需求。可见它其实是缺乏存在感的。爱的注视，"被爱引导着的认识"，将她从缺乏存在感的状态中解救出来。如此一来，它便"如同得到了救赎一般"。认识就是救赎。它与作为他者而存在的认识对象之间有爱的关联。这就使认识区别于简单的了解或信息，后两者根本没有他者这一维度。

事件中蕴含着否定性，因为它生成一种全新的与现实的关系、一个崭新的世界、一个对"实然"(was ist)的不同理解。它让万物突然在另外一种完全不同的光芒中现相(erscheinen)。海德格尔的"对存在的遗忘"(Seinsvergessenheit)正是这种对事件的视而不见(Ereignisblindheit)。海德格尔会说，如今的交际噪声、资料与信息的数字化风暴使我们在面对真相发出的无声轰鸣、面对其平静的威力时听觉尽失:"轰鸣:这是真相,就算是踏进人群当中,踏进隐喻的暴风雪中。"[5]

数字革命之初,其设想是很有些乌托邦性质的。比如弗卢瑟(Flusser)就把数字化联网提升为博爱的技术。生而为人则意味着与他人有关联。数字化联网应能成就一种独特的共鸣,牵一发而动全身:"网络震动摇摆,那是一种激情,一种共鸣。这是电信与信息学的基础,如此密切的关联既讨人喜爱又惹人生厌。笔者相信,电信与信息学是博爱的技术,是使犹太—基督教得行其道的技术。它的基础是移情作用。为成就利他主义,它摧毁人道主义。单单是这一可能性,就已经够震撼了。"[6] 然而如今的网络已变成一个特殊的共振空间,一个回音室,任何不同与陌生都被消除了。真正的共鸣以他者的切近为前提。如今,他者的切近让位于同者的无差别性(Abstandslosigkeit)。

全球化交际只允许相同的他者（gleiche Andere）或其他的同者（andere Gleiche）存在。

切近（Nähe）和疏远（Ferne）是辩证对立的。消除了远并不等于产生了近，相反，这恰恰摧毁了近。取而代之的是一种完全的无差别性。切近和疏远彼此渗透交织，一种辩证的对立将二者紧密相连。所谓辩证的对立在于，事物恰恰是被其对立面、被不同于它本身的他者赋予生机与活力。如无差别性这般全然的肯定则缺少这种活力。正像同一者与他者一样，切近与疏远彼此辩证协调。如此一来，无论是无差别性还是同者都无法存续了。

数字化的无差别性消除了切近与疏远的所有表现形式。一切都是同等的近或同等的远："痕迹与光芒。痕迹是近的现象，留下多少痕迹就表明可能到达多远。光芒是远的现象，造成多大影响就表明可能离你多近。"[7] 这光芒中蕴含着他者、陌生者与谜题（Rätsel）的否定性。数字化的透明社会使世界失去其光芒和神秘属性。正如大部分色情片的视觉效果那样，超近距离和过度感光破坏了所有能散发光芒的距离感，然而，正是这种距离感才造就情欲本身。

色情片中的所有身体千篇一律，拆分成身体部位来看也是大同小异。所有语言皆被剥离，身体被削减至性爱本身，除了两性之间的差异外，再无任何区别。色情片中的身体，不再是表演的场地，不再是"华丽的舞台"，不再是被赋予梦和神性的"童话般的外观"[8]。它乏善可陈，它魅力全无。色情片所呈现的内容毫无叙事性和情节可言，身体如此，交际亦然。满屏满眼皆是荒淫。人们无法用赤裸的肉体去嬉戏（spielen）。嬉戏需要一种幻想、一种非真实性。色情片画面中赤裸裸的真实没有给嬉戏、给诱惑留下一丝余地。作为一种功能而存在的性也驱逐了所有嬉戏的形式。它完全变成机械动作。新自由主义对于效绩（Leistung）、性感和健美体魄的强制命令（Imperativ），将身体降格为需要被优化的功能客体。

同质化的滋长是一个"充盈着空虚的膨胀体"[9]。他者的消失营造出充盈的空虚。荒淫是超视觉、超交际（Hyperkommunikation）、超生产、超消费，它导致同质化状态的迅速达成。荒淫是"同者与同者的结合"[10]。与此相反，引诱则是"从同者身上夺走同质性的能力"，是使同质性从自身偏离的能力。[11]引诱的主体是他者。与效绩和生产的模式相反，引诱的模式是嬉戏。如今，就连嬉戏本身也变身为一种生产形式。工作被竞技游戏化了。

查理·考夫曼（Charlie Kaufmann）的木偶动画片《失常》（Anomalisa）淋漓尽致地描绘了如今同质化的地狱。这部电影也可以被命名为"追寻他者"或者"爱的礼赞"。在同质化的地狱里，追寻他者是不可能的。主人公迈克尔·斯通是一位成功的励志演讲人和作家。他的代表作品名为"我该如何帮你去帮助他人？"是新自由主义世界中典型的人生指南。他的作品广受赞誉，因为它使生产率得到显著提升。然而，尽管此书大获成功，他仍然陷入了生存危机。在空洞、单调而昏钝的消费与功利型社会中，他显得孤独、迷茫、百无聊赖。他失去幻想，他毫无方向。在这里，所有的人都长着同样的脸，说着同样的话。出租车司机、餐厅服务员或酒店经理所说的话与其太太、其前女友一模一样。孩子的脸孔也与成年人别无二致。克隆人遍布整个世界，而矛盾的是，每个人又都想与众不同。

迈克尔来到辛辛那提做演讲。在酒店里，他听到一个女人的声音，非常与众不同。他猜想，她定是在那个房间里，于是前去敲门。他找到了她。出乎意料的是，那个女人竟然认出了他。她来辛辛那提就是为了听他的演讲。她叫丽莎。她不仅声音特别，容貌也与人相异。她觉得自己很丑陋，因为她长了一张不太符合大众审美的面孔。此外，她还有点胖，脸上有一道疤痕，她一直想用头发来遮住这道疤痕。但是迈克尔爱上了她，爱上她别样的声音，爱上她的独特，爱上她的不同寻常。沉醉于爱情的迈克尔称她为"特别的丽莎"（Anomalisa）。于是，两人共度春宵。夜里，迈克尔做了一场噩梦，在梦中，他被多个长得一模一样的酒店女服务员跟踪，她们都想和他上床。他在同质化的地狱里穿行。

在和丽莎吃早餐的时候，她的声音越来越趋同于那种千篇一律的声音，这吓坏了迈克尔。他回到家乡。到处都是同质化的荒漠。家人和朋友来迎接他，他却无法分辨他们，所有人长得都一样。他困惑地坐在一个陈旧的日本性玩具娃娃对面，这个玩具娃娃还是他在一家成人用品商店里为他的儿子购买的。她的嘴巴张得很大，以便提供口交服务。

在电影的最后一幕，丽莎仿佛于另一个世界里再度宣示她对迈克尔的爱。这个世界似乎从同质化的魔咒中解脱出来，在这个世界里，每个人都重新获得自己的声音、自己的脸孔。丽莎还顺便解释了，Anomalisa在日语中的意思是"天上的仙女"。

Anomalisa 完全就是将我们从同质化的地狱中拯救出来的他者。她是作为爱欲而存在的他者。

在那个同质化的地狱中，人类无异于被遥控的玩偶。因此，用人偶而非真人来扮演剧中角色就十分顺理成章。脸上明显的接缝让迈克尔知道，他仅仅是一尊木偶。电影中有一幕，他脸上的一部分掉了下来。他将掉下来的嘴巴拿在手里，而它还在兀自喋喋不休。他吓坏了，自己竟然是木偶。用比希纳（Büchner）的话来做这部电影的注脚，真是恰如其分："我们就是被不知名的力量操纵的牵线木偶，没有一丝一毫是我们自己！"

全球化与恐怖主义的暴力

全球化中蕴含着一种暴力,它使一切都变得可交换、可比较,也因此使一切都变得相同。这种完全的使同质化(Ver-Gleichen[1])最终导致意义的丧失。意义是不可比较的。单靠货币既不能构建意义,也无法打造身份。全球化的暴力也就是同质化的暴力,它摧毁他者、独特性以及不可比较之物的否定性,这一否定性妨碍信息、交际和资本的循环。恰恰是在同者和同者相遇之处,这一循环的速度才达到峰值。

---

[1] Vergleichen 在德语中意为"比较",但如果将该词的前缀和根动词拆分开来,即 Ver-Gleichen,则有"使相同""使同质化"之义。

全球化的暴力使一切都变得相同，它打造了一个同质化的地狱。这种暴力引起一种极具破坏性的反作用力。让·鲍德里亚（Jean Baudrillard, 1929—2007）[1]就曾指出，正是全球化的非理性催生了丧心病狂的恐怖主义者。如此说来，关塔那摩监狱就相当于那个镇压式惩戒社会的精神病院和牢房，而正是该社会本身孕育了罪犯和精神病患者。

有一些恐怖主义事件，除了反映行事者的直接意图外，还指向了系统性的抗拒（systemische Verwerfungen）。并不是宗教使人们从事恐怖主义活动。它更多地是独特性（das Singuläre）为对抗全球化的暴力而发动的起义。因此，针对特定地区和特定人群的反恐行为只是茫然之下的无奈之举。驱敌行为掩盖之下的是有着系统性根源的真正问题。正是全球化的恐怖本

---

[1] 法国哲学家、后现代理论家。其早期思想传承马克思主义，后又受现代语言学之父索绪尔影响，接受并发展了符号学说，创建了自己的后现代主义理论。代表作品有《物体系》《象征交换与死亡》《消费社会》等。

身一手造成了恐怖主义。

全球化的暴力扫清一切不屈从于通用交易的独特性。恐怖主义是独特性的恐怖对抗全球化的恐怖。因拒绝任何交易而死亡,这本身就是绝对的特立独行。它以恐怖主义为手段杀进这一将生命归结为生产和效绩的体系。死亡则是生产的终结。如今,很多人把生命单纯当作性命,不惜任何代价以求长命百岁。恐怖主义者对死亡的赞美和人们对健康的病态追求互为条件。基地组织的格言使这一系统性关联尤为触目惊心:"你们热爱生命,我们热爱死亡。"

早在1993年,双子塔就成为恐怖袭击的目标。让·鲍德里亚指出了双子塔在建筑艺术上的独特之处。洛克菲勒中心的摩天大厦以其玻璃和钢结构外立面映射出城市和天空,而双子塔则不同,它们完全没有外侧覆盖层,没有与他者的关联。两座一模一样、彼此呼应的双子大楼形成了一个完全封闭的体系,将他者隔绝在外,将同者贯彻到底。恐怖袭击则将这一同质化的全球体系劈开一道裂缝。

如今再度复苏的民族主义、新右派或者"归属一代"（die Identitäre Bewegung）[1]也同样是对全球化统治的反映。因此，新右派的拥护者不仅敌视外来人员，还批判资本主义，就并非偶然了。在面对全球化时，无论是推崇国界的民族浪漫主义情怀，还是恐怖主义活动，遵循的都是同样的反应流程。

新自由主义在全球范围内制造巨大的不公正性。剥削与排外是其本质属性。它设立"隔离监狱"（Bannoptikum），把那些对体制怀有敌意的、与体制格格不入的人认定为"不受欢迎"，并将其排除在外。全景监狱（Panoptikum）意在规训，而隔离监狱所操心的则是安全问题。即便是在西方发达地区，新自由主义也使社会的不平等更为尖锐。最终，它会废除社会市场经济。新自由主义这一概念的发明者亚历山

---

[1] 法国极右组织，其法语原文名称为 les Identitaires。

大·吕斯托夫（Alexander Rüstow）早就断言，仅仅听任新自由主义市场法则的社会会变得更无人性，并产生社会性的抗拒（soziale Verwerfungen）。因此他指出，新自由主义中必须添加一种有利于团结一致和整体意识的"活力政策"作为补充。若无此种政策来修正新自由主义，社会上就会产生一个惶恐不安、被恐惧所驱使的群体，他们很容易被民族主义、种族主义的力量收入麾下。对自身未来的恐惧骤变为对外来者的敌意。驱之不散的恐惧不仅表现为憎恨外来者，也表现为憎恨自己。恐惧的社会和憎恨的社会互为条件。

社会的不安定伴随着希望与目标的缺失，它们一起构成了孕育恐怖主义力量的温床。乍看上去，新自由主义体系完全是在培养与之相对抗的破坏性元素。而实际上，恐怖分子和民族主义者并非敌人，而是手足，因为他们同宗同源。

金钱是一个很糟糕的身份授予者，虽然它能代替身份，让拥有金钱的人至少获得安全感和平静。然而，那些一文不名的人是真的一无所有，既无身份也无安全。因此，没钱的人就只好走进虚幻之境，比如成为民族主义者，这会很快给他一个身份。与此同时，他也为自己创造了一个敌人。人们通过假想来构建免疫力，以获得有意义的身份。挥之不散的恐惧不知不觉地唤醒一种对敌人的渴求。敌人能快速给人以身份，哪怕是幻想中的敌人："敌人勾勒出我们自身问题的形象，因此我必须与之横眉冷对，以获得自身的尺度、界线和轮廓。"[12] 想象弥补了现实的缺失。就连恐怖主义者也栖身于他们自己的想象之中。全球化让想象空间诞生，想象的空间却带来真实的暴力。

全球化的暴力同时也削弱了免疫系统的防御力，因为它影响到全球信息与资本的高速循环。恰恰是在免疫防御门槛极低的地方，资本流动得极快。如今，党同伐异的全球秩序大行其道，在这样的秩序中，其实只存在相同的他者或其他的同者而已。一道道崭新的隔离围墙平地而起，对他者的幻想犹在沉睡。他们不言不语，寂静无声。其实移民和难民也并非他者，并非会让人们真正感受到威胁和恐惧的外来者。这些都只是想象。移民和难民更多地是让人感觉到负担。面对这些有可能成为自己邻居的人，人们怀有的是怨恨和忌妒，这与害怕、恐惧与厌恶截然不同，并不是真正的免疫反应。敌视外来者的人们虽然不喜欢北美人，却会到人家那里去度假呢。

在鲍德里亚看来，全球化的暴力是一种癌症。它像"癌细胞"一样扩散，"通过无休止的滋长、增衍和转移"[13]。他用免疫模式来解释全球化："人们如此频繁地谈及免疫、抗体、移植和排异（Auswurf）绝非偶然。"[14] 全球化的暴力是一种"病毒性的暴力，是网络的、虚拟的暴力"[15]。虚拟性是一种病毒。借助免疫学来描绘网络化是很成问题的。免疫力抑制了信息与交际的循环。点赞（like）并不是免疫反应。全球化的暴力是一种肯定性暴力（Gewalt der Positivität），它是"后免疫性的"（postimmunologisch）。鲍德里亚忽略了这个对数字化的新自由主义秩序来说至关重要的范式转变（Paradigmenwechsel）。免疫性属于世界秩序（terrane Ordnung）。珍妮·霍尔泽的名言"保护我免受我所欲之害"（Protect me from what I want）恰如其分地点明了这种肯定性暴力的后免疫属性。

"感染""移植""排异"以及"抗体"并没有解释如今毫无节制的过度交际和过量信息。过多相同的东西虽然会引发呕吐，但是这种呕吐还不算是针对他者、外来者的厌恶。厌恶是"一种紧急情况，一种在面对无法适应的异质性时剧烈的自主危机"[16]。正是因为缺乏他者的否定性才引发诸如易饿病（Bulimie）、"狂看"（Binge Watching）或者"狂吃"（Binge Eating）等病症。这些不是病毒性的。它们更多地是源于肯定性暴力，而免疫防御系统不会对肯定性暴力做出反抗。

新自由主义与启蒙时期的目标截然不同，它是非理性的。正是其癫狂产生了毁灭性的张力，并以恐怖主义和民族主义的形式宣泄出来。新自由主义所表现出来的自由是一种广告宣传。如今，全球化甚至将普遍价值（universelle Werte）也拿来为自己所用。因而，自由本身也成为被榨取的对象。人们心甘情愿地奉献自己、供人剥削，还幻想着是在自我实现。使生产率与效率达到最大化的不是对自由的压制，而是对自由的充分利用。这是新自由主义最为奸险的基本逻辑。

面对全球化的恐怖，当务之急就是保护普遍价值免受全球化所用。因此，我们须得创造出一种愿意接纳独特性的通用秩序（universelle Ordnung）。暴力入侵全球化体系的独特性都是不愿与人对话的他者。拒绝对话正是恐怖主义的特色，是其恶魔本性所在。只有在和解的状态下，即在安全的距离内保持其疏离和与众不同时，独特性才有可能放弃它的魔性。[17]

康德的"永久和平"正是这种和解状态。它以理性自足的普遍价值为依据。按照康德的说法，有一种所谓的"贸易精神"(Handelsgeist),"它不会与战争共存,并且迟早会席卷每一个民族"[18]。和平虽然也是这种"贸易精神"逼迫下的产物,但它是一时的,不是永恒的。逼迫和平的仅仅是强势的金钱本身。全球商贸不过是手持别样武器的战争。歌德在《浮士德》中早已言明:"我何须懂得航海:战争、贸易和海盗行为,本就三位一体,不可分割。"

全球化的暴力堪比真正的世界大战,制造难民,带来死亡。在贸易精神迫使下产生的和平不仅有时间上的期限,还有空间上的界线。作为隔离监狱,发达国家,或者说发达岛屿[1]周边环绕着隔离栏、难民营和战场。也许康德并未意识到这一贸易行为的魔性,或者说毫无理性。他的评判始终很温和。他相信,贸易精神会带来"长期的"和平。然而,这样的和平只是表象。这种贸易精神只是精于算计,却缺乏理性。因

---

1 此处为比喻,形容在广阔的不发达区域的环绕下,发达区域仿佛大海中的岛屿一般。

此可以说，不理性的正是被贸易精神、被金钱势力掌控的体制本身。

如今的难民危机恰恰揭露出，欧盟无异于一个唯利是图的经贸组织。对于康德来说，作为欧洲自由贸易区，作为代表各自民族国家利益的政府之间的合约团体，欧盟不可能是理性的产物，不可能是理性引导下的"国际联盟"（Völkerbund）[1]只有以维护人类尊严等普遍价值为己任的宪政联盟（Verfassungsgemeinschaft）才有可能是理性引导下的联盟。

康德倡导无条件的"热情好客"，如此才能最大限度地实现他所主张的理性引导下的永久和平。按照他的想法，每个外来者都拥有在他国停留的权利。他可以逗留于此，不被敌视，"只要他安分守己，不惹是生非"。康德认为，没有人"比其他人更有权利

---

[1] 原文为法语 SDN，即 Societé des Nations。

停留在这世界上某个地方"。热情好客并非乌托邦式的想象,而是理性的强制主张:"此处以及前文中论及的不是博爱,而是权利,享受热情好客是外来者的权利,是他因不被敌视而可以在他处安心落脚的权利。"这种热情好客"并非对权利不切实际的过度想象,而是对国内外事关公共人权(öffentliches Menschenrecht)的不成文法规的必要补充。如此才生出永久和平,也唯有如此,人们才有资格得意地宣称,自己越来越接近永久和平"[19]。

热情好客是有自知之明的普遍理性(universelle Vernunft)的最高表达。理性不会擅自弄权,党同伐异。凭借一份友善(Freundlichkeit),它能够承认他者的不同,并愿意向他们敞开怀抱。友善意味着自由。

除理性外,热情好客的理念还展现出一些普遍的东西。在尼采眼中它表达了"丰富的精神"(überreichende Seele)。它有能力为所有独特性提供安居之所:"所有懵懂的、跋涉的、追寻的逃亡者都会在我这里受到欢迎！从现在起，热情好客是我唯一的友善。"[20] 热情好客承诺安定平和。在美学上它呈现出一种美感："我们终究会因我们的善念，我们对待外来者的耐心、公正和温柔而受到奖赏，这奖赏便是外来者慢慢摘下面纱，转而展现一种全新的、无以言表的美——这是他们对我们热情好客的答谢。"[21] 热情好客的政策是美丽的政策。对外来者的敌视是憎恨，而憎恨是丑陋的。它是缺乏普遍理性的表现，标志着社会仍处于尚未和解的状态。一个社会的文明程度恰恰可以用它的热情好客程度、它的友善程度来衡量。和解意味着友善。

真实性的恐怖

如今人们经常谈及真实性（Authentizität）。它像新自由主义的所有宣传一样，披着解放的外衣粉墨登场。真实意味着自由，不被预设的、被外界事先规定好的表达和行为模式所囿。它强迫人们只像自己，只通过自己来定义自己、书写自己、创造自己。真实性的律令对自己施以强制手段，迫使自己不断地拷问、窃听、窥探、包围自己。通过此种方式，加剧自恋式的自我关涉（narzisstischer Selbstbezug）。

在真实性的强迫下，"我"不得不去"生产自己"（sich selbst produzieren）。真实性终究是新自由主义生产自己的方式。它使每个人都成为自己的生产者。作为自己的经营者,"我"生产自己、展示自己,并把自己当作货物提供给别人。真实性是营销的理据。

努力追求真实,努力只做自己,引发与他者的持续比较。比较的逻辑使异质(Anderssein)转化为同质(Gleichsein)。如此一来,他者的真实性更加强了社会的一致性(Konformität)。它只允许体制框架内差异的存在,即多样性(Diversität)。作为新自由主义的惯用语,多样性是一种可以被充分榨取的资源,而相异性(Alterität)则拒绝任何形式的经济利用,因此,二者相互对立。

如今,每个人都想与众不同。然而在这种愿望下,同者却大行其道。这里我们要面对的是更高层级的一致性。穿过他者的丛林,同者仍不改初心。论及如何贯彻一致性,他者的真实性甚至比强制的同质化更加有效,后者比前者脆弱得多。

作为众人倾慕的对象,苏格拉底被他的学生们称为不可名状(atopos)。我所渴求的他者是居无定所的（ortlos）。它回避一切比较。对于他者的无定所学说（Atopie），罗兰·巴特（Roland Barthes，1915—1980）[1]在《恋人絮语》(*Fragmente einer Sprache der Liebe*)中这样写道："作为不可名状的存在，他者让语言战栗：人们无法提及、谈论他；任何修饰都是错误的、痛苦的、失礼的、尴尬的……"[22]作为被追捧的对象，苏格拉底是无与伦比的，是别具一格的。独特性与真实性全然不同。真实性以可比较性为前提。凡真实者，皆与他者有所不同。而苏格拉底却是不可名状的、无与伦比的。他不仅与他者不同，而且与不同于他者的所有人都不同。

长期耽于比较的文化不接受不可名状的否定内涵。这把一切变得可比较，也就是说，把一切变得相同。如此一来，人们就不可能获得关于居无定所的

---

1 法国作家、思想家、社会学家、社会评论家和文学评论家。早期侧重文学研究，著有《写作的零度》《神话学》等，分析大众文化现象，阐述语言结构的随意性。后期专注符号学研究，著有《符号学基础》《批判与真理》等。

他者的经验。为了便于打造可消费的、异位的差异（heterotopische Differenzen），消费型社会一直致力于清除掉居无定所的他者。与居无定所的他者不同，差异是肯定性的。作为新自由主义的生产和消费模式，真实性的恐怖消灭居无定所的他者。全然他者的否定性让位于同者的肯定性，即让位于相同的他者的肯定性。

作为新自由主义的生产策略，真实性打造可商品化的差异。它借此拓展商品的多样性，通过这些商品，真实性被物质化了。个体首先通过消费来展现其真实性。真实性的命令未能促使独立自主之个体的形成。相反，它更像是完全被商业收为己用了。

真实性的命令带来自恋的强制性。自恋并不等同于正常的虚荣心（gesunde Eigenliebe），后者不是病理性的。虚荣心并不把对他者之爱排除在外，而自恋则无视他者的存在。自恋者不断地揉搓、扭曲他者，直至在他者身上再度辨认出自己的模样。自恋的主体只是在自己的影子中领悟这个世界，由此导致灾难性后果：他者消失了。自我与他者的界线渐渐模糊。自我扩散开来，漫无边界。"我"沉溺在自我之中。只有面对他者时才能形成一个稳固的自我。相反，过度自恋式的自我关涉所产生的是一种空虚之感。

如今，人们将性方面的能量主要贯注在自我身上。自我性力（Ichlibido）的自恋式累积导致客体性力（Objektlibido）的瓦解。客体性力指的是拥有对象的性力。客体性力制造与对象的关联，而这种关联使"我"更加稳定。自我性力的自恋式淤积会引发疾病。它会催生恐惧、羞惭、负罪、空虚等负面情绪："但是，如果某种特定的、强有力的过程迫使性力从客体身上抽离，那就大为不同了。已经自恋化的性力无法再找到回归客体的路，而性力的这一活动障碍是会致病的。也许当自恋式性力累积超过一定量时，人们就无法承受了。"[23] 当性力不再拥有对象，人们会心生恐惧。世界会因此变得空虚而毫无意义。由于缺乏与对象的关联，"我"被抛回自身。"我"因自身而心力交瘁。抑郁便是源于自我性力的自恋式积滞。

弗洛伊德甚至将其性力理论应用于生物学。表现出自恋行为的、缺乏爱欲的细胞会威胁到有机体的存活。对于细胞的存活来说，它们也需要无私一些，甚至为其他细胞而牺牲："也许人们同样可以将恶性增生组织上的那些摧毁有机体的细胞解释为自恋。如此一来，我们的性驱动力就会和诗人与哲人口中的爱欲（Eros）不谋而合，是爱欲将所有生命体汇集在一起。"[24] 单凭爱欲就能使有机体焕发生机。该理论同样适用于我们的社会。过分的自恋会使社会变得不稳定。

自我伤害，人称自残行为，是缺乏自我价值感的体现，这也反映出我们这个社会一种普遍的奖赏危机。我自己无法生产自我价值感。这方面我依赖于作为独立奖赏机构的他者，它喜爱我、褒奖我、承认我且看重我。人类自恋式的离群索居、他者的工具化以及绝对竞争摧毁了整个奖赏机制。表达肯定、承认的目光消失了。我只能依赖于想象着我对他人来说很重要，想象着我被他人爱着，来获取稳定的自我价值感。这种想象或许散漫、模糊，但对于价值感来说却是不可或缺的。正是这种缺失的存在感成为自残行为的元凶。自残不仅是自我惩罚的仪式，痛恨自己在面对如今功利的、追求完美的社会时和多数人一样力不从心，同时也是对爱的呼唤。

空虚感是抑郁和边缘性人格障碍的基本症状。边缘人通常无法感受到自己的存在。只有在自残的时候他们才终于有所感觉。抑郁的功能主体视自身为沉重负担。他厌倦自己，又沉湎于自己，完全无力从自身当中走出来，这一切都矛盾地导致自身的虚无和空洞。自我封闭、自我关押，失去一切与他者的关联。我触摸自己，却只能通过他者的触摸而感受到自己。他者是塑造稳定自我的根本途径。

当今社会的特色是消除一切否定性。一切都被磨平了。为了相互逢迎，连交际也被磨平了。任何语言、任何表达方式都不许触碰"悲伤"这样的消极情绪。人们避免来自他者的任何形式的伤害,但它却以自我伤害的方式复活。在这里,人们再次印证了这一普遍逻辑:他者否定性的消失引发自我毁灭的过程。

按照阿兰·埃亨伯格(Alain Ehrenberg)的说法,抑郁的获胜以失去与冲突的联系为基础。如今效绩与优化的文化没有给冲突留下活动空间,因为它很耗时。如今的功能主体只知道两种状态:好用或不好用。这一点与机器相似。机器也不知冲突为何物。它们要么顺畅地工作,要么就是坏了。

冲突不是破坏性的。它们有建设性的一面。只有从冲突中才能产生稳定的关系和身份。一个人在处理冲突的过程中长大和成熟起来。自残的诱惑力在于,堆积的破坏性张力得以快速释放,不必耗费时间和精力去处理冲突。张力的快速释放被交托给化学方法来完成,生于体内的毒素被倾倒一空,其作用方式类似于抗抑郁药。抗抑郁药也是抑制冲突状况,使抑郁的功能主体迅速地恢复功能。

自拍瘾（Selfie-Sucht）实际上跟虚荣心关系也不大，它无非就是孤独、自恋的自我在瞎忙。面对内心的空虚，人们徒劳地尝试着卖弄自己，博人眼球。唯有空虚在自我复制。自拍照是自身的空虚形态。自拍瘾加剧了空虚感。导致这一结果的不是虚荣心，而是自恋的自我关涉。自拍照是自身的美丽平面，而这自身空洞、不安。为了逃避空虚感的折磨，人们要么拿起刀片，要么拿起智能手机。自拍照是让空虚的自我短暂退隐的扁平表面。倘若把照片翻过来，人们就会撞见那伤痕累累的背面，汩汩流着血。自拍照的背后是伤口。

自杀性袭击会是一种变态尝试吗？尝试感受自我，尝试重新建立毁掉了的自我价值感，尝试将压得人喘不过气来的空虚感炸飞或一枪打飞？我们能把恐怖分子的心理和自拍、自残的心理相比较吗？这也是他们为对抗空虚自我而采取的手段吗？恐怖分子是否跟那些自我伤害、将攻击性施于自身的青少年拥有相同的心灵轨迹（Psychogramm）呢？大家都知道，男孩与女孩不同，他们通常将攻击性向外部、向他者宣泄。自杀性袭击极有可能是一种很矛盾的行为，攻击自己和攻击他人合二为一，自我生产和自我毁灭同时进行，它是更高强度的攻击性，同时却也被想象成最惊心动魄的终极自拍。按下引爆的按钮，就等于按下相机的快门。恐怖分子之所以有这样的想象，是因为这充满歧视和绝望的现实，不值得再为之生活下去。现实不给他们任何奖赏。因此，他们把上帝引为负责奖赏的独立机构，同时他们也非常清楚，行凶之后，他们的照片——就如同一种自拍照——会立即登上各大媒体，循环播放，广为流传。恐怖分子是身负炸药包的自恋者，这炸药包为他更添几分真实。卡尔-海因茨·博尔（Karl-Heinz Bohrer）曾在他的杂文《真实性与恐怖》（Authentizität und Terror）中断言，恐怖主义是真实性的最后一幕，这种说法不无道理。[25]

恐　惧

引发恐惧（Angst[1]）的原因多种多样，首要的就是陌生，是茫然失所（das Unheimliche），是不熟悉。恐惧的前提是全然他者的否定性。按照海德格尔的说法，在面对"无"（Nichts）的时候，恐惧便会苏醒，"无"被理解为存在者（das Seiende）的全然他性。"无"的否定性、"无"的深不可测对于今天的我们来说已然十分陌生，因为世界成了百货商店，店里摆

---

[1] Angst，意为"恐惧"或"害怕"。海德格尔哲学中的 Angst 一般被译作"畏"。但在本章中，作者意在指出当今社会日常生活中的"怕"和海德格尔的"畏"之不同，为避免给读者造成混淆，故将 Angst 译作"恐惧"。其他涉及海德格尔哲学的名词，译法均参照海德格尔:《存在与时间》，陈嘉映、王庆节译，三联书店，2014 年。

满了存在物（das Seiende）。

在《存在与时间》一书中，恐惧是产生于"公众意见之在家状态"（Zuhause der Öffentlichkeit）、"公众解释"（öffentliche Ausgelegtheit），即日常熟悉的认知与行为模式轰然倒塌，并让位于"不在家"（Unzuhause）之时。恐惧将"此在"（Dasein）——海德格尔的存在论对人的称谓——从熟悉而习惯的"日常"中、从社会的一致性中拉扯出来。[26] 在恐惧中，"此在"与"茫然失所"相对而立。

"常人"（man）扮演着社会的一致性。它为我们规定好了该如何生活、如何作为、如何感知、如何思考、如何评判："常人怎样享乐，我们就怎样享乐；常人对文学艺术如何阅读如何观赏如何判断，我们就如何阅读如何观赏如何判断；……常人对什么东西愤怒，我们就对什么东西愤怒。"[27] "常人"的独裁使此在远离其最本己的能在（das eigenste Seinkönnen），远离其本真（Eigentlichkeit）："在这样一种安定和谐的共处同在（Sich-vergleichen）之中，此在丢失了它最本己的能在，完全消解在他人的存在方式中。"[28] 熟悉的理解视野（Verstehenshorizont）的崩塌带来恐惧，而只有在恐惧中，最本己的能在才能将自己存在的可能性揭蔽于此在面前。

如今这世上当道的并非千人一面的整齐划一，也就是我们所说的"常人"，而是观点与选择的多样性。这种多样性只允许与体系相符合的差异存在，它所呈现的是可消费的他性（die Andersheit），这种可消费性是人为的。它比整齐划一更有效地推进同质化的发展。这是因为人们被表面的多姿多彩迷了双眼，而对同质化的系统性暴力浑然不觉。异彩纷呈和琳琅满目伪装成一种并不真实存在的他性。

海德格尔的"本真"与真实完全不同，它甚至与之相悖。根据《存在与时间》一书中的术语，如今的（所谓）真实极可能是"非本真"（Uneigentlichkeit）的一种形式。日常状态的崩塌发生于本真之前。当此在被从安定的常人世界（Man-Welt）拉扯出来，它便直面"不在家"的"茫然失其所在"之感。而他性的真实性却发生在日常秩序中。真实的自身是自身的商品形式（eine Warenform des Selbst），它是通过消费来实现的。

在海德格尔的理论中，恐惧与死亡有着紧密的关涉。死亡并不意味着存在的彻底终结，而是"一种存在的方式"[29]，可以说是一种极为独特的做自己的可能性。死去意味着："'我是'，或者说我将是最本己的我。"[30] 面对死亡时，一种达到本真的自我存在的决心觉醒了，这是一种缄默的、渴盼自己能生出恐惧的决心。死亡是（属于）我的死亡。

海德格尔的思想道路曾发生过一次重大转变，即所谓的"转向"（Kehre）。可即便是在转向之后，死亡的意义仍多于生命的终结。当然，它不再唤起对自身的强调，而是代表深渊（Abgrund）和神秘（Geheimnis）的否定性。我们应该"将死亡拉进此在，以便在此在的辽阔深渊中把握此在"[31]。海德格尔后期也把死亡称作"无之圣殿"。无,"从任何角度看都不再是某种单纯的存在着(Seiendes),而是仍然本质存在(wesen),甚至作为存在本身之神秘本质存在"[32]。死亡将属于神秘、深渊和全然他者的否定性皆写入存在者之中。

在如今这样一个企图将每一种否定性都从生活中驱逐出去的时代,死亡也沉默了。它不再发声。所有语言皆被夺走。死亡不再是"一种存在的方式",而仅仅是人们千方百计妄图拖延的生命的彻底终结。死亡就意味着"不生产"(Ent-Produktion)而已,是生产的终结。如今,生产已经被集合(totalisieren)为唯一的生命形式。拼命追求健康最终不过是拼命追求生产。它摧毁了真正意义上的生命活力。健康的恣意滋长和肥胖的恣意滋长同样不可理喻。这是一种病,有其病态属性。为了生命而否定死亡,那么生命本身就变成有害之物了。它会自毁自伤。这也同样印证了暴力辩证法。

能够赋予人活力的恰恰是否定性。它哺育心灵的生命。只有在彻底的分裂中找到自己，心灵才能获得其真相。只有裂隙和痛苦的否定性才能使心灵保持生命力。"如若心灵充当肯定者，对否定者视而不见"，心灵便不是"这种力量"。它"只有直面否定者，并在其身边栖居，才是这种力量"[33]。今天，我们都竭力逃离否定者，从不在其身边栖居。黏在肯定者身畔只能复制更多的同者。世间不仅有否定之地狱，也有肯定之地狱。恐怖不仅生于否定，也生于肯定。

由熟悉之世界的崩塌引发的恐惧是一种深层的恐惧。它类似于那种深层的无聊。肤浅的无聊表现为"外表可见的不安的扭动"[34]。相反，在深层的无聊中，整个人都丧失了存在状态。但是在海德格尔看来，这种"失败"（Versagen）包含着一种"宣告"（Ansagen），一种"呼请"（Anrufen），呼唤此在做出"此时此地行动起来"的决定。

深层的无聊使行动起来的可能性慢慢醒悟。这些可能性是极有可能被此在抓住的，可它们偏偏被投闲置散在这所谓的"这好无聊"当中。[35] 深层的无聊呼唤此在攫住最本己的能在，即行动起来。它有一种呼请的特征。它说出话语，它发出声音。如今伴随着极度活跃（Hyperaktivität）而来的无聊则哑然无声。它被接踵而来的活动所排遣。但活跃并不等于有所行动。

海德格尔后期将恐惧归因于存在论差异，归因于存在与存在者之间的差异。为了能踏入"尚未被涉足的领域"，思想必须能经受住深不可测的无存在者之存在（Sein ohne Seiendes）。从某种程度上说，存在先行于存在者，并让存在者分别在某种特定的光芒下现相。思想"热爱""深渊"。这其中栖居着一种"直面真正恐惧的英勇之气"[36]。若没有这种恐惧，同质化便大行其道。思想蒙受"寂静之声"，它为思想"在对深渊的惊惧中调谐"[37]。此种惊惧将思想从存在者的麻痹之中，即从相同者的麻痹之中解放出来。这就相当于那种"痛苦，在这样的痛苦中，存在者在熟悉的惯常面前显露其本质上的独特性"[38]。

如今，到处弥漫着一种存在论上的无差别性。无论是思想还是生活，在面对其内在层面时都选择漠视。若不去触碰内在层面（Immanenzebene），同质化就会始终延续。海德格尔的"存在"所指称的就是这一内在层面。它是思想重新开始的存在层面。只有触碰到这一层面，全然他性才会萌生。对此，德勒兹也写道："从字面上理解，我想说他们是在装傻。装傻一直是哲学的一大功能。"[39] "装傻"（Faire l'idiot）断绝与多数派、与同者的联系，开启那未经开垦的内在层面，并使得思想能容纳真相，容纳能开启与现实之间新型关系的事件。如此一来，万物都在另外一种全然不同的光芒中现相。仅仅只是穿越恐惧而已，人们就能到达存在的内在层面。它把思想从在世存在者（das innerweltlich Seiende）的压迫下、从同者的麻痹（海德格尔称之为"对存在的遗忘"）中解放出来。存在的内在层面是未经开垦的，还没有名字："如果人类要再次找到通往存在近旁之路,那么他必须首先学会在无名中生存。"[40]

如今社会的恐惧则有着完全不用的病理。它既不能归因于日常一致性的崩塌,也不能追溯到深不可测的存在。更多地发生在日常的共识之内,它是一种日常的恐惧。它的主体还是"常人":"自我对他人亦步亦趋,当自我觉得无法跟上他人步伐之时,便会慌乱无措。……他人如何看待我,他人觉得我又是如何看待他们,这些想象成为社会恐惧的来源。使个人不胜其烦、心力交瘁的并非客观的情况,而是感受到在与多数派的他者相比较时所产生的竞争。"[41]

海德格尔所称的决心拥有最本己的能在、达成本真的自我存在之此在,是由内部引导的,而非外部。它类似一个陀螺罗盘(Kreiselkompass)[1],拥有内在的中心和指向最本己的能在的强大方向感。这与所谓的

---

1 利用陀螺和摆的特性寻找和指示真北向的仪表。不受地磁场影响,广泛应用于航海、航空、航天和地面运载。又叫回转罗盘。

"雷达人类"（Radar-Mensch）截然相反，他们向外而立，四处张望，以致迷失自我。[42] 聚焦于内，则无须一直与他人比较；着眼于外，则身不由己，不比不行。

如今，很多人饱受诸多恐惧的折磨，害怕拒绝，害怕失败，害怕被落下，害怕犯错误或者做错决定，害怕达不到自己的要求。在不停与他人比较的过程中，恐惧也不断加剧。这是与纵向恐惧背道而驰的横向恐惧。前者是面向全然他者、面向茫然失所和面向"无"之时才生出的恐惧。

如今，我们生活在新自由主义体系中，它打破时间上稳定的结构，将人一生的时间碎片化，让连接我们、团结我们的东西冰消瓦解，目的皆是提高生产率。该体系的时间策略制造恐惧和不安。新自由主义把人类分隔成一个个孤立的经营者，经营的对象就是人们自己。这种单子化（Vereinzelung）伴随去团结化和完全竞争而来，亦使恐惧渐生。新自由主义的恶魔逻辑就是：恐惧提高生产率。

门　槛

面对门槛，人们会心生恐惧。这是一种典型的"门槛心态"。门槛是通往未知的渡桥（Übergang）。跨过门槛，便是一种全然不同的存在状态。因此，死亡一直被刻写在门槛上。在所有的过渡礼仪（rites de passage）中，人们都死于门槛此端，而为了在彼端重生。在这里，死亡被理解为渡桥。跨越门槛的人，就要经历转变。作为转变之场所，门槛是令人痛苦的。这其中蕴含着痛苦的否定性："如果你感受到身处门槛的痛苦，那么你便不是游客；渡桥便有可能存在。"[43]如今，拥有着一道道门槛的渡桥消失不见了，取而代之的是可以畅行无阻的通道（Durchgang）。在互联网中我们比任何时候都更像游客。我们不再是栖居一道道门槛中的"痛苦之人"（homo doloris）。游客们不曾经历转变，无从感受痛苦，便也因此如死水一般，百世不易，在同质化的地狱中游荡。

门槛会使人惊恐、害怕，但也会令人喜悦、陶醉。它们激发对他者的想象。为追求全球资本、交际和信息的高速流通，人们拆掉了门槛，打造了一个畅通无阻、一路坦途的空间，空间内部的一切飞速流转。这里却生出一种新的恐惧，一种完全脱离了他者否定性的恐惧。

作为新兴生产方式，数字化交际彻底打破所有距离，以加速自身运行，所有保护性的距离也就此消失了。在超交际中万事万物皆熔于一炉，内在和外在之间的壁垒也愈发脆弱。如今，我们完全被外化为一个"纯粹的平面"[44]，暴露在无孔不入的网络中。

这种强制性的透明化克服了一切视觉与信息缺口，世间万物清晰可见。它不给人任何退路，令所有安全空间消失不见。万事万物汹涌而来，而我们却无遮无挡，亦无处可藏。我们本身也只是全球网络中的通道而已。透明化和超交际夺走了保护着我们的内心世界。是的，我们是自愿放弃了内心世界，甘于受数字化网络的奴役，任由它们穿透、照透、刺透我们。数字化的过度曝光与毫无遮掩带来一种潜在的恐惧，它并非源于他者的否定性，而是源于过多的肯定性。同质化的透明地狱并没有驱离恐惧，令人胆寒的正是同质化愈发震耳欲聋的轰鸣。

异　化

阿尔贝·加缪的小说《局外人》(*Der Fremde*)描写了身处局外之感，这是一种根本的存在与生存感受。人类面对世界是局外人，在人群中是局外人，面对自己同样是局外人。话语之栅将主人公默尔索与他人隔绝。陌生表现为无言。人人都身陷牢笼，彼此分隔，而这牢笼的四壁便是话语之栅。这份陌生既不属于当今这个超交际时代，也不属于作为舒适区或百货商店而存在的世界。

保罗·策兰（Paul Celan, 1920—1970）[1]的诗《话

---

[1] 犹太裔德语诗人。父母死于纳粹集中营，本人也历尽磨难。发表于1945年的《死亡赋格》一诗以对纳粹的强烈控诉和撼动人心的艺术力量震惊战后德语诗坛。1960年获得德语文坛最高荣誉毕希纳奖。

语之栅》(*Sprachgitter*)所讲的也是这份陌生的体验。

(若我如你。若你如我。
我们不都曾经
站在一阵信风里？
我们都是异乡人。)

瓷砖。上面，
紧挨着，一对
心儿灰灰的水洼：
两个
满口的沉默。[1] [45]

如今，我们热衷于一种毫无拘束的交际。这种数字化的超交际令你我昏昏沉沉，意识几近模糊。喧闹

1　译文引自《保罗·策兰诗选》，孟明译，华东师范大学出版社，2010年，第153~154页。

嘈杂的交际并没有使我们的孤独感少一些。或许它比话语之栅更加令人孤寂。虽隔着话语之栅,对面总还有一个"你"。它还守护着这份疏远的切近。与此相反,超交际既摧毁了"你",也摧毁了"近"。关系(Beziehungen)被连接(Verbindungen)所代替。无距离赶走了近距离。"两个满口的沉默"所包含的亲近和语言可能比超交际还要多些。沉默尚是一种语言,交际噪声则不然了。

如今,我们将自己安置在一个舒适区中,陌生之否定性被彻底清除。这里的标语是点赞(like)。数字荧屏愈发将陌生与茫然失所之否定性隔绝在外。当下,这份陌生阻碍了信息与资本的高速循环,就这一点来说,它是不受欢迎的。对加速的强求(Beschleunigungszwang)将一切同质化。超交际的透明空间毫无神秘性,缺乏陌生感,也没有不解之谜题。

作为异己而存在的他者也一并消失了。如今的劳动关系(已)无法用马克思的异化理论(Theorie der

Entfremdung）来阐释。劳动异化的意思是，劳动所得的产品之于工人来说成了一个异己的对象。工人既不能从他的产品中也不能从他的作为中再度辨认出自己。他创造的财富越多，自己就越贫穷。他的产品被夺走。工人的作为恰恰导致了他的非现实化（Entwirklichung）："劳动的现实化（Verwirklichung）竟如此表现为非现实化，以至于工人非现实化到饿死的地步。"[46] 他越是劳心劳力，就越深地陷入剥削者的统治之中。马克思把这种导致异化、去现实化的统治关系拿来与宗教做对比："人奉献给上帝的越多，他留给自身的就越少。工人把自己的生命投入对象；但现在这个生命已不再属于他，而属于对象了。因此这种活动越多，工人就越丧失对象。凡是成为他的劳动的产品，就不再是他自身的东西。因此这个产品越多，他自身的东西就越少。"[1][47] 由于劳动关系中的异

---

1 译文引自马克思：《1844年经济学哲学手稿》，中共中央马恩列斯著作编译局编译，人民出版社，2000年，第52页。

化，劳动者不可能实现自我。他的劳动不过是持续的自我非现实化（Sich-Entwirklichung）。

如今我们生活在后马克思主义时代。在新自由主义的政制下，剥削不再以异化和自我现实化剥夺的面貌出现，而是披上了自由、自我实现和自我完善的外衣。这里并没有强迫我劳动、使我发生异化的剥削者。相反，我心甘情愿地剥削着我自己，还天真地以为是在自我实现。这是新自由主义的奸险逻辑。所以，过劳症（Burn-out）的初期表现恰恰是亢奋。干劲十足地投身于劳动之中，直至精疲力竭为止。自我实现，实现至死。自我完善，完善而亡。新自由主义的统治藏身于幻想中的自由背后。它与自由携手并立于我们面前之际，正是它大功告成之时。这种感觉上的自由消弭了任何反抗、革命的可能性，这才是它的致命之处。有什么可反抗的呢？已经没有人再压迫你了啊！珍妮·霍尔泽所说的"保护我免受我所欲之害"将这一范式转变表达得十分贴切。

当今社会出现了一种新型的异化。它不再涉及世界或者劳动，而是一种毁灭性的自我异化，即由自我而生出的异化。这一自我异化恰恰发生于自我完善和自我实现的过程中。当功能主体将其自身（比如其身体）当成有待完善的功能对象之时，他便逐渐走向异化了。由于否定性的缺失，这种自我异化在不知不觉间慢慢加深。能摧毁自我的，不仅是自我剥削，还有自我异化。在病理上，它表现为对身体意象（das Körperschema）的破坏。厌食症和暴食症（或称 BED，Binge-Eating-Disorder）都是日渐加剧的自我异化之症状。到最后，人们便感觉不到自己的身体了。

对抗体

"客体"（Objekt）一词来源于拉丁语中的动词 obicere，有阻挡、劝诫、指责之意。客体首先是一个抨击我、拦阻我、违逆我、反驳我、与我相左、向我发起反抗的对立（Gegen），其中蕴含着它的否定性。客体的这层含义在法语词 objection 中也有体现，其意为"反对"或者"异议"。

"在场物"（das Anwesende）作为客体的经验极有可能比其作为对象（Gegenstand）的表象（Vorstellung）更为源始。表象行为发生时，表象主体主宰着被表象的对象。前者将后者置于自己身畔。此时，对象大大丧失了对立之否定性。作为消费的客体，商品完全缺乏 obicere 的否定性。它不会指责我、控诉我，也不会与我针锋相对。与此恰恰相反，它依偎过来讨好我，诱我喜欢上它。对立（Gegen）和相对（Gegenüber）的缺席正是当今社会的认知特征。

世界正逐渐失去对立之否定性。数字媒体加速了这一发展进程。数字领域的秩序与世界秩序，或者说地球秩序相对立。海德格尔后期的哲学思想针对的正是世界秩序。[48] 他口中一再吟咏着"山峦之凝重与原石之坚硬"，也（时常）谈及"年轻农夫"那"沉重的角状雪橇"和"高耸的冷杉傲立风雪"，以及"对面那陡峭的山坡"。这凝重与对立掌控着世界秩序。数字化的东西则截然相反，于我们而言毫无凝重感，扮演不了倔强的、执拗的、反抗的"相对"。

如今的图像也愈发丧失其作为"相对"之特征。数码图像缺乏魔力、魅力和诱惑力。它们不再是可能拥有本己生命（Eigenleben）和本己力（Eigenkraft），会让观者错乱、着魔、讶异、迷醉的映相（Gegenbilder）。点赞根本是最低级别的认知。

在海德格尔看来，"物"（das Ding）是限定我们之物。这种限定性（Bedingtheit）已非今日之存在感受。世界的去物化（Entdinglichung）和去实体化（Entkörperlichung）愈演愈烈，对此，汉德克（Handke）也予以坚决的批评。他前往多瑙河、萨瓦河、摩拉瓦河和德里纳河的冬日之旅完全是怀着拯救"物"（Rettung der Dinge）的初心。汉德克将塞尔维亚沉重的商店店门上升为本真之物的密码。[1] 它将自身的重量抛向我们。它是一个客体，一个 obicere。物之沉重构成世界的重量。它们是对抗体（Gegenkörper）。"按下古旧的铁门把手"，"不得不费力推开店门"，这些甚至为汉德克带来一阵幸福感："在物的轻微抵抗中（由于店门年代久远且材质沉重），在它与

---

[1] 奥地利小说家、剧作家彼得·汉德克曾在《多瑙河、萨瓦河、摩拉瓦河和德里纳河冬日之旅或给予塞尔维亚的正义》一文中提及"不得不费力推开"的"店门"。参见彼得·汉德克：《痛苦的中国人》，刘学慧、张帆译，上海人民出版社，2016年，第209页。

进门者身体的摩擦中，一个独立的对映体浮现出来。……塞尔维亚的店门就是字面上的对—立（Gegenstand）；……是须臾间实体密切交流的一部分，是某个空间上的具体事件之主体，内在自有其本质……这轻微的抵抗，这属于最质朴之物的可感知的本己力，方使它们无可替代，拯救它们免于消失在习以为常的唯命是从当中。"[49] 汉德克漫步市场，想象着作为对抗体的"物"。它们俱都沉甸甸、满盈盈，怡然而自得。那里"有深褐色的大罐森林蜜罐，有跟火鸡一样大的熬汤柴鸡，有炸得焦黄的面窝点心，还有长着猛兽似的尖嘴、肥美硕大的河鱼。"[1][50]

数字秩序致使世界的去实体化愈演愈烈。如今，实体间的交流越来越少了。同时，它也消除了对抗体，从物那里夺走其质地之沉重感、尺度、自身的重量、本己生命和本己时间，令它们招之即来，挥之即

1　译文引自彼得·汉德克：《痛苦的中国人》，第219页。

去。数字化的客体不再是 obicere。它们不再向我们施压，不再抵抗。对立的消失遍及当今世界各个层面。"点赞"与 obicere 南辕北辙。如今，万事皆求点赞。"对立"的彻底缺席实非理想状态，因为，若没有"对立"，人就会重重地摔在自己身上。这会导致自我侵蚀。

如今，我们也失去了一种特殊意义上的"相对"。对海德格尔来说，"对象"并不等同于"相对"。希腊人从未将"在场物"理解为"对象"，而是理解为"相对"。"对象"中的"对立"是通过主体而建成的，主体为自己将之表象出来。如此一来，主体便侵袭了对象。与此相反，"相对"中的"对立"则是在下述东西中形成的："这种东西侵袭那知悉的、看—听的人，这被侵袭之人是从未将自己理解为主体（对客体而言）的人。"作为"相对"的"在场物"，并不是"那种主体抛向自己的作为客体的东西，而是那种临于知悉面前的东西，那种将人之看与听称为并表现为超越人之看与听的东西"[51]。与之相应，希腊人或许在诸神那观入的在场之中（im hereinblickenden Anwesen der Götter），经验到了最阴森可怖又最富魅力的"相对"。这种经验发生于与全然他者的相遇。全然他者通过目光与声音将自己展现出来。

目　光

在《第十研讨班：论恐惧》开班之初，雅克·拉康（Jacques Lacan，1901—1981）[1]表演了一则发人深省的寓言：螳螂的故事。拉康戴着一副面具，但并不知晓面具的样子。他就这样以面具遮脸，和一只巨型螳螂相对而立。拉康完全不知道螳螂眼中看到什么，也不清楚这副面具的模样将引发它怎样的反应。另外，两者之间也不可能有任何语言的交流。如此，他将自己完全交付给它，交付给它的目光。雌性螳螂在与雄

---

[1] 法国作家、学者、精神分析学家。他从语言学出发，重新解释弗洛伊德的学说，提出著名的镜像阶段论（mirror phase），影响深远。下文提到的三界说（实在界、想象界、象征界）亦是拉康理论的重要组成部分。

性交配之后，会将其捕食，这为它更添了几分阴森可怖。无从预警也无从算计的全然他者令人生畏，其表现形式就是目光。

借由螳螂的寓言故事，拉康援引了莫里斯·布朗肖作品《黑暗托马》(*Thomas der Dunkle*)中的一幕，该场景把主人公描写为一个着了魔的、被词句吞噬的阅读者，就如同被雌性螳螂所吞噬。"阅读"意味着被注视："在每一个字符面前，他的处境都与那被雌性螳螂吞噬的雄性如出一辙。他们望着彼此（L'un et l'autre se regardaient）。……托马就这样毫无防卫地滑进这些通道，直到他被文字深密的内里所察觉。这还说不上恐怖，相反，这是一段让他想加以延长、几乎算是惬意的时光。……他满心欢喜，在这颗看见他的眼睛中看见自己。"[1][52] 此处，布朗肖描绘了一种特别的异化经验，即人们放弃眼睛的主权并将自己交付给

---

1 译文引自莫里斯·布朗肖：《黑暗托马》，林长杰译，南京大学出版社，2014年，第27~28页。

他者的目光。

电影《甜蜜的生活》(*La Dolce Vita*)的最后一幕展示了一群彻夜狂欢的人在黎明时移步至海边,看到一条巨大的鳐鱼被拉上岸。特写镜头下,鳐鱼的眼睛大而深邃。男主人公马塞洛喃喃自语道:"它一直盯着我们看,目不转睛。"(E questo insiste a guardare.)雅克·拉康曾多次探讨这最后一幕。在"精神分析伦理学"(Ethik der Psychoanalyse)研讨班中,拉康将影片中凝视人类的鳐鱼描述成令人作呕之"物":"那时那刻,正是黎明破晓之际,一群大活人立于海边的松树间,在微微摇曳的光影下一动不动,仿佛就要魂飞魄散,突然迈步朝着一个我所不知的目标奔去,这目标就是那受到很多人喜爱的东西,在它身上人们重新找到了我那著名的'物',那不知怎么有点令人作呕的东西,那被人用渔网拉出海面的东西。"[53]

对拉康来说,此"物"是突出于图像、表达之外的一个斑点、一种缺陷。它是已成形的行为与认知符号内部的一种残损、一道裂隙,正是这些符号构成了"象征界"(das Symbolische)。此"物"是属于"实在界"(das Reale)的,实在界回避一切表达与表象。此"物"是从框架中、从象征秩序中跳脱出来的一个斑点、一个细节。象征秩序是自己对自己的陈述。而此"物"则从这一能指的、陈述的"缝合点"中突显出来。它是那凝视着人们的全然他者。由此,它便引发了恐惧:"就是它,导致我们所有人如此地被凝视、被关涉,也就是它,向我们展示出,恐惧是如何在欲求的目光中显露其真容(欲求听命于 a [1])。"[54]

希区柯克在其电影《后窗》(*Rear Window*)中刻画了目光通过眼睛所取得的胜利。[55] 被困于轮椅上的摄影师杰夫津津有味地欣赏着窗外的景色。从院子另外一端投射过来的阴森目光很快就破坏了这怡人的画

---

[1] 此处的 a 应指拉康理论中的"对象 a",即唤起欲望的原因。

面。托尔瓦德（杰夫怀疑此人杀害了他自己的妻子）突然注意到杰夫正观察着自己。托尔瓦德回望杰夫的目光终结了那双窥探之眼的主权地位。从那一刻起，现实已经不再是图画，不再是怡人的景色了。现在，杰夫已经全然落入他者的目光中。摄影师的任务是将现实化作一帧图片、一幅怡人的景象，托尔瓦德则是与之对立的反面形象。托尔瓦德的目光是与画面格格不入的斑点。它将他者的目光形象化。最终，托尔瓦德闯进杰夫的寓所。杰夫试图用相机的闪光灯刺激他的双眼，摧毁他的目光，把这阴森可怖之物再次收入图片，可他却并未成功。在托尔瓦德将杰夫扔出窗外的一瞬，目光通过眼睛所获得的胜利得以圆满完成。就在不久之前，这扇窗还给杰夫带来怡人的景色。杰夫完全从这幅图画中掉出，跌落在现实的地面上。后窗在这一刻变成了真窗（Real Window）。

对于萨特来说，他者也是以目光昭示着自己的来临。萨特并未把目光局限于人类的眼睛。相反，"被注视着"构成了"在世存在"（In-der-Welt-Sein）的中心视角。世界即目光。就算是簌簌作响的树枝、半开半掩的窗户或者微微飘动的窗帘也都被理解为目光。[56]如今，世界已经罕有目光。我们很少感觉到自己被凝视或者暴露在一种目光之下。世界呈现为一幅怡人的景象，试图取悦我们。数字荧屏也同样不具备目光属性。Windows系统是一扇没有目光的窗户。它恰恰将我们掩于目光注视之外。

妄想症的症状之一是怀疑到处都是目光，感觉自己被来自四面八方的目光所注视。这与抑郁症有所不同。妄想症并非当今社会的主要病症。它与他者的否定性相关联。抑郁的人是栖居在一个没有目光注视的、不可能产生他者经验的空间内。

在拉斯·冯·提尔的电影《忧郁症》（*Melancholia*）中，当贾斯汀对他者的渴望觉醒之时，她的抑郁症瞬间得到了治愈。拉斯·冯·提尔让夜空中的蓝色星球仿佛他者的目光般闪现，凝视着贾斯汀。它唤醒了她的情欲。他者的目光把她从抑郁中解放出来,把她变成一个恋爱中的人。

如今,目光在许多层面上消失了。统治的实施也缺乏目光的注视。边沁(Jeremy Bentham,1748—1832)[1]的"全景监狱"以目光的统治为基础。"监狱"里的人被完全交付于监视者的目光。监视塔的建造追求功能性,监视者能将一切尽收眼底,而自己却不为他人所见:"全景监狱是一台将'看'与'被看'二元分割的机器:在外环区域,人们完全处在被监控之下,自己却从未看见什么;在中央塔楼,人们可以看见一切,自己却不为他人所见。"[57] 犯人们所见唯有中央塔楼的剪影而已。他们无从知晓,自己是否正在被监视。因此,他们觉得自己始终被凝视,即便是监

---

1 英国法理学家,功利主义哲学创始人,法律改革运动先驱和领袖。先后提出或支持"个人及经济的自由""国教分离""言论自由"等观点;著有《政府片论》《道德与立法原则导论》《赏罚原理》等;创造了 international 一词;设计了 Panoptikum(全景监狱)。边沁的伦理观和法律观为自由民主制度奠定了社会基础。

视者并不在那里。目光的统治是中心视角的。

"奥威尔"（Orwells）的监视之国[1]也建立了一种目光统治。《老大哥》（*Big Brother*）节目则是电视荧屏上无所不在的注视眼光。它看见一切，自己却不为人所见。镇压表现为凝视："走廊里有一股白菜汤和破地毯的味道。人们在走廊一端的墙上，挂了一张彩色的海报。海报太大，本不适合室内展示。海报上呈现的只有一张巨大的、宽度超过一米的面庞：这男人45岁左右，上唇胡须漆黑浓密，脸上线条粗犷端正……在每一层楼梯的墙上都有这样一张海报正对着电梯，画面上的巨大脸庞凝视着你。海报设计独具匠心，无论你如何移动，那目光始终追随着你。海报下端还写着：老大哥在看着你。"[58]

数字媒体与光学媒体不同，它是没有目光的媒体。因此，数字化的全光镜Panoptikum（其实已经

---

1 由Osmotic Studios开发、Surpreise Attack发行的一款监视游戏软件。

不能算作是光学镜Optikum），即数字化的全景监狱，也已经不依赖于目光、不依赖于中心视角的视觉瞭望了。也正是因为如此，它绝对比其他类似的全景监狱看得更多、更深。中心与外围之间的区别变得毫无意义。数字化全景监狱的运作方式是无视角的。无视角的透视远比有视角的监视更有效，因为人们是全方位地，甚至是从内向外地被照得通亮。思想回避了目光，却逃不过数字化的全景监狱。即使没有目光的加持，"大数据"仍能大显身手。与中心视角的监视不同，无视角的透视中不再有盲点的存在。

由于缺乏起到镇压作用的目光（这与纪律社会的监督策略有着本质区别），便产生了一种具有欺骗性的自由感。数字化全景监狱里的犯人并未觉得被凝视，也就是并未觉得被监控。因此，他们感到很自由，且自愿地去暴露自己。数字化全景监狱并非限制了自由，而是将其极尽利用。

声　音

　　声音来自他处、来自外部、来自他者。人们所听到的声音是无从定位的。德里达关于西方国家形而上学语音中心论的著名论点完全误解了声音的外部性，他认为直接的自我在场（unmittelbare Selbstpräsenz）和直接的当下（unmittelbare Gegenwart）在声音中占据优先位置，认为声音距离涵义、逻各斯（Logos）特别切近。和目光一样，声音也是一种媒介，它恰恰削弱了自我在场和自我透明度（Selbsttransparenz），并将"全然他者""未知"以及"茫然失所"镌刻在自我之中。

　　卡夫卡的小说如《法的门前》（*Vor dem Gesetz*）

或《城堡》(Das Schloss)隐晦地表现了全然他者的否定性、不可接近性和秘密，而全然他者却竭力隐匿。在《法的门前》中，来自乡下的男子直到身死仍停驻在法的门前，不得入内。法律始终将其拒之门外。在《城堡》中，土地测量员 K 也同样无法进入城堡。城堡最初以声音的形式呈现出来，这实非偶然。城堡是全然他者所在之处。在到达村里之后，K 往城堡打了一个电话。他在电话里听到的不是能听懂的词汇，不是言谈，不是对话，而是一种从远处传来的诡异而难懂的歌声："听筒里传来一阵喊喊喳喳声，K 以前打电话时从来没有听到过这种声音。它好像是无数孩子哼哼的声音——但又不是哼哼的声音，倒像是从非常非常遥远的地方传来的歌声——好像是这种哼哼声简直不可思议地混成了一种唯一高亢而洪亮的声音，在耳边震荡，仿佛不仅要让人听见，而且想把耳膜刺穿。K 把左臂搁在电话机的小桌上听着，不打电话了，就这么听着。"[1][59]

声音闯进意识层面下方的更深层。目光也拥有同样的强烈程度和深刻影响。在《城堡》中，神秘的酒吧柜台女服务员弗丽达有着"一种特别自负的目光"。这目光直达那消弭有意识行为的领域。这目光与"我"中的他者、与作为他者的"我"交流："当她的目光落到 K 身上的时候，他觉得这一看就解决了关系到他的事情，而他自己对这些事情是否存在尚一无所知，但她的目光又使他深信其存在。"[2][60]

声音也会削弱自我在场。它在"主体"内部破开一道深深的裂隙，他者便通过这道裂隙闯进"自我"。卡夫卡的短篇小说《一条狗的研究》(*Forschungen eines Hundes*)就是在讲一个声音，"这庄严之声使森林悄无声息"。它使听者完全陷入迷乱之中："我那

---

[1] 译文引自《卡夫卡小说全集Ⅱ：城堡》，高年生译，人民文学出版社，2003 年，第 25 页。
[2] 同上书，第 37 页。

时确实完全失态了。从正常情况来看,我已身患重病,动弹不得,可我无法抗拒这旋律,那条狗似乎随即就认定这是它自己的旋律。"[1][61]

对卡夫卡来说,声音是全然他者的最佳媒介。只有软弱,一种形而上的虚懦(Schwachheit),一种原始的被动才能使一个人容易感受到他者的声音。在给米莱娜(Milena)[2]的一封信中,卡夫卡将"先知"比作"软弱的孩子",孩子们"听到,声音是如何呼唤他们",感受到一种"令人魂飞魄散的恐惧"[62]。在他者强大的声音面前,他们是软弱的。声音的情色意味也在于,它阻止"心理主体""强大起来"。它使心理主体变得软弱。心理主体失去了自己。声音导致"自我损失"(Selbstverlust)。[63]

---

1 译文引自《卡夫卡小说全集Ⅲ:中短篇小说》,王炳钧译,人民文学出版社,2003年,第315页。
2 捷克女记者,卡夫卡的一位女性友人。卡夫卡去世后,好友马克斯·布罗德将卡夫卡用捷克文写给米莱娜的书信整理出版,书名即为《给米莱娜的信》。

如今，我们已不再是软弱的孩子了。以孩童般的孱弱去感受他者，不符合自恋型社会的状态（Verfasstheit）。被新自由主义生产关系一手促成并极尽剥削的自我日益壮大，越来越孤立于他者。蔓生的自我丝毫不受他者声音的影响。过度的自恋使我们面对他者时变得耳聋眼盲。在同者的数字化轰鸣之中，我们再也听不到他者的声音。我们对声音和目光产生了抵抗力。

此外，声音和目光对卡夫卡来说还是身体的符号。缺乏身体符号的交流仅仅是和幽灵的联系而已："人们怎么会产生这种想法，竟认为人类通过书信就能彼此沟通！远方的人可以想念，近处的人可以触摸，其他一切形式都超越了人的力量。……书面的亲吻无法抵达其目的地，半途就被幽灵喝光了。"[64]数字化的交际手段比书信更加缺乏身体感。笔迹还算是身体符号。所有数字化的文字长得都一样。最重要的是，数字媒体磨平了他者的"相对"（Gegenüber）。

实际上它们夺走了我们思念远者、触摸邻人的能力。它们用无距离代替了切近和疏远。

罗兰·巴特用"声音的纹理"（Rauheit der Stimme）来描述声音的身体性，它不表现任何东西，无论是想象还是意义。声音的这一深层身体属性虽然没什么含义，但却给人带来感官的愉悦："有什么东西在那里，不容忽略，顽固执着（人们听到的只有它），超越了歌词的意义……某种直接发自歌者身体的东西，通过胸腹腔、肌肉、横膈膜及喉咙软骨深处的共同运动……传到耳朵里，仿佛歌者的身体内部和他所演唱的音乐之间皮肉相连。"[65]

巴特将表现型歌曲（Phänogesang）和基因型歌曲（Genogesang）区分开来。"声音的纹理"存在于基因型歌曲之中，此类歌曲关乎的不是含义，不是所指（Signifikat），而是"其'发音—能指'（Laut-Signifikant）的肉感"。肉欲与含义不甚相关。它用身体说话。与身体相关涉的基因型歌曲是色情的、诱感的。与之相反，表现型歌曲却缺乏诱惑力，它服务于结构、规则、交流、表演与表达："在这里，伴随歌曲的是感情而不是身体。"[66] 在表现型歌曲中人们既听不见舌头，也听不见横膈膜。它只突出含义（Sinn），而基因型歌曲却让感官的东西（das Sinnliche）发声。表现型歌曲不具备任何身体性、感官性。

在基因型歌曲中，辅音要被"磨平"。"人们很容易认为，是辅音构成了我们的语言之骨架……人们总是要求把辅音发清楚、分开来、凸显出来，以使含义明确。"[67] 然而，在基因型歌曲中，辅音仅变成"那些令人赞叹的元音之跳板"。元音栖身于肉感的身体之中。辅音则专注于含义。语言的"真谛"并不在于其"功能（明晰、表达、交流）"，而在于其肉感与诱惑。

诺瓦利斯（Novalis）也认为，辅音是为散文、含义和实用性而存在的。"辅音化"意味着被阻碍、被限制、被束缚。"辅音化的精神"（der konsonierte Geist）对未知者、神秘者、谜题的否定性感到陌生。相反，元音却是诱惑的、诗意的、浪漫的。辅音传不到远处："遥远的哲学听起来像诗歌——因为朝向远方的每一声呼唤都变成元音。"[68] 如今我们大抵生活在一个辅音化的时代（konsonierte Zeit）。数字化的交际是一场辅音化的交际。它没有秘密、谜题和诗意。为了达成无差距、无距离化，它摒弃了"远方"。

在"禁止"与"抑制"的作用下，精神机器内部发生了分裂，而这些分裂催生了声音。因此，《一个精神病患者的回忆录》（*Denkwürdigkeiten eines Nervenkranken*）的作者丹·保罗·史瑞伯（Daniel Paul Schreber）觉得自己被声音跟踪。这些声音来自全然他处。史瑞伯口中谈及的是一种"从另外一边发出的、使人想起超自然起源的声音交流"。那些不断对他说话的声音被归为上帝所有："对我来说，这一直是一个不容辩驳的事实，即上帝每天每时每刻都通过说话的声音和奇迹来重新向我启示。"[69] 史瑞伯借助交响乐、八音盒与口琴,"为了在某些状况下淹没那些难以忍受的无聊杂音,使自己至少获得片刻的宁静"[70]。声音是一个亡灵、一个鬼魂。那些被排除、被抑制的东西会以声音的形式回归。"否认"和"抑制"的否定性是声音的根本。在声音中,被抑制的精神内容又回来了。如今社会,"抑制"与"否认"的否定性越来越让位于顺从与肯定,人们能听到的声音便越来越少了。与此相应,同质的噪声则与日俱增。

声音通常代表了一个更高的审查机构,一种超越性(Transzendenz)。它从上方、从全然他处发声。这就是为什么道德经常用声音做隐喻。此外,声音中还包含着一种外在性(Exteriorität)。道德戒律的声音来自内心的"外在"(Außen)。苏格拉底一再声称听到的那些作为道德审查机构的警示之声,便是来自一个精灵,一个不可名状的他者。

康德的"理性"(Vernunft)也是伴着一种权威的声音而现身。所谓美德就在于抗拒幸福喜悦，抗拒感官偏好，而全然听从道德律令，听从"理性的声音"和"上帝的声音"[71]，这声音"甚至使罪人也战栗"。在海德格尔那里，替代"理性的声音"这一说法的则是"良知的声音"[72]，它呼吁此在抓住"最本己的能在"。即便在此处，声音中也包含着一种外在性。在《存在与时间》中，海德格尔在某处出乎意料地论及"朋友的声音"，"每一个此在都随身带着一个朋友"。海德格尔认为："听这个朋友的声音，甚至构成此在对它最本己能在的首要的和本真的敞开状态。"[73]声音为何从朋友那里来？为什么海德格尔恰恰在谈及声音的时候呼唤那位朋友？朋友是他者。在这里，海德格尔需要用他者来赋予声音某种程度的超越性。

海德格尔后期完全把声音打造成"思考"(das Denken)的媒介。"思考"直面一种声音，并让自己被声音定调（stimmen）、规—定（be-stimmen）："这种听（Gehör）并不仅仅关乎耳朵，而且也同样关乎人对那种东西的归属，人的本质就是依照这种东西而被定调的（gestimmt）。人始终是按照那种东西而被定调的，他的本质就是从这种东西而来被规定的（bestimmt）。在这种规—定中，人被一种声音（Stimme）触动和召唤，这种声音的鸣响越是纯粹，它就越发无声无息地通过那些有声息的东西而隐约响起。"[1][74]声音来自外在，来自全然他者，"思考"所直面的全然他者。声音和目光充当媒介，在这媒介中，"存在"表现为"存在者之他性"（das Andere des Seienden），而"存在"却被其定调、规—定。因此，海德格尔谈到了"声音和目光的同一性"[75]。作为对他者的向往，"爱欲"是"思考"的一部分："他性与'对你的爱'、与'我的别样思考'不可分割，它

---

1 译文引自《海德格尔文集：根据律》，孙周兴、王庆节主编，张柯译，商务印书馆，2016年，第106页。

是难以言说的。我称之为'厄洛斯'(Eros),用巴门尼德的话来说,这是最古老的神。每当我的思考迈出实质性的一步,每当我勇于行前所未行之事,都是那位神灵挥动羽翼,轻拂我身。"[76]"思考"必须听从他者的否定性,必须前往未知的领域。否则它就会沦为使同质化得以继续的积极手段。

保罗·策兰也认为,从他者、从"你"处而来的声音对文学作品来说至关重要。文学作品始于语言变得"有声"之处,以遭遇他者为开端:"当人们思考诗歌时,人们会带着诗歌走上这样的路吗?这些路难道仅仅是迂回的路,是从'你'到'你'的冤枉路吗?但同时,在许多其他的道路中,它们也是语言变得'有声'之路,是遭遇,是声音通往一个感知着的'你'的道路。"[77]

在数字化的回音室中,人们首先听到的是自己在说话,他者的声音日渐式微。如今,世界因为他者的缺席而声音渐悄。与"你"相反,"它"是没有声音的。"它"既不开口说话,也不眨眼凝视。日渐式微的"相对"使世界悄然静默、目光全无。

数字化的交际极度贫于目光和声音。"连接"(Verbindungen)和"联网"(Vernetzungen)不需要目光和声音。它们区别于"关系"(Beziehungen)和"遭遇"(Begegnungen),后者依赖于声音和目光。事实上,它们是声音与目光的特殊经验。它们是身体的经验(Körpererfahrungen)。

数字化媒体是"去身体化"的。它夺走了声音的"纹理",夺走其"身体性",即胸腹腔、肌肉、横膈膜和喉咙软骨的深处。声音被"平整化"了。它变得透明,"含义"显而易见,它完全服务于"所指"。这种平滑的、缺乏身体感的、透明的声音并不诱人,无法引起肉欲。诱惑力依赖于"能指的盈满"(Überschuss von Signikifanten),这种盈满不可被削减至只剩下"所指"。它对准的是"'发音—能指'的肉感",这份肉感不表达任何含义,不传达任何信息。

何处"能指"循环往复，却不受"所指"摆布，何处便生出诱人的魅力。直白的"所指"毫无魅力可言。动人之处在于包裹住"含义"的肌肤。"秘密"也不是什么被遮蔽、被掩盖、等待被揭开的"所指"，而是那不能被溶解于"所指"之中的"能指—盈满"（Signikifanten-Überschuss）。"秘密"是不可被揭露的，可以说，正是它自己遮蔽了自己。

他者之语言

在杰夫·昆斯（Jeff Koons）的系列图片《乐逍遥》（*Easyfun-Ethereal*）中，他将各式各样的消费品在电脑上拼接成五彩斑斓的图画。小蛋糕、香肠、玉米粒、内衣和假发交错混杂，漫天飞舞。他的图片反映了我们这个业已沦为百货商店的社会。社会中充斥着各种昙花一现的物品和广告。它已经失去了所有的"他性"和"陌生感"，因此，人们也就不可能再惊异于任何东西。杰夫·昆斯的艺术与消费文化融于一身，将"消费"提升为"救赎"的形象。那尊名为"气球维纳斯"、描摹女人分娩姿势的（气球）塑像，甚至直接诞生出一位新的救赎者。在她的腹中存放着一瓶2003年份的唐·培里侬香槟——至尊粉红。

对于阿多诺来说,"对世界的疏离"(Fremdheit zur Welt)是一个艺术的时刻。不把世界当成"陌生之物"(Fremdes)来感知的人,根本就没有感知世界。艺术不能没有"否定的张力"。所以,对阿多诺来说并不存在"舒适艺术"(Wohlfühlkunst)。"对世界的疏离"同样也是一个哲学的时刻。它是精神上所固有的。因此,"精神"本质上就是"批判"。

在这个"点赞"的社会里,一切都变得讨喜,艺术也是如此。因此,如今的我们忘了该如何惊异:"人类围绕着'除了主体精神之外的东西'编织一张分类网络,这网络编得越密集,人们就越彻底地丢掉惊异于'其他'的能力,凭着对'陌生之物'日渐加深的熟悉感而自欺欺人。艺术则设法对此做出修正,尽管它势单力薄,仿佛就快用尽最后一丝力气。一直以来,就是艺术使人类去体验惊奇……"[78] 如今,世界被数字化网络缠绕,除了主体精神之外,其他任何东西都不允许出入。由此便产生了一个充满熟悉感的视觉空间，一个数字化的回音室，它消除了陌生者与他者的所有否定性，在这里，主体精神只能遭遇它自己。它仿佛为世界罩上了它自己的视网膜。

数字荧屏不容许"惊异感"存在。随着"熟悉感"的日益加深，所有能够滋养精神的潜在的惊奇感都消失了。艺术和哲学有义务拨乱反正，阻止对"陌生之物"、对"不同于主体精神之物"的揭秘行为，或者说，有义务将"他者"从主体精神的分类网络中解放出来，将它那使人惊讶、诧异的他性交还给它。

艺术的独到之处在于其谜题属性："通过这种谜题属性，艺术与行动客体（Aktionsobjekt）那种毫无悬念的存在截然相对，而最终，艺术之谜也在其谜题属性中存续下去。"[79]行动客体是行动主体（Aktionssubjekt）的产物，它不具备对事物感到惊异的能力。唯有"平和的观察"和"有距离的切近"，也就是"遥远的切近"，将事物从行动主体的束缚中解放出来。世间美好只展现给长久而沉思的目光。当行动主体悄然隐退，当它对客体的盲目压迫被打破之时，事物才能重获其"他性"、谜题属性、陌生感和神秘感。

对策兰来说，艺术也同样保有"茫然失所"状态。它引发一场"'出走'，从人类中出走，踏进一片面向人类的、茫然失其所在的区域"[80]。艺术置身于"茫然失所"的家里，其中蕴含着它矛盾的存在。诗意的形象（Bilder）是别具一格的想象（Ein-Bildungen）[1]。这些想象"一望而知是在熟悉者之面貌中包含着陌生者"[81]。诗歌中蕴含着一种"黑暗"（Dunkelheit）。它证明了被守护在其中的"陌生者"的存在。这份黑暗"属于为了一场相遇而来的诗歌，它来自一个——或许是自己创造的——'远处'或者'异地'"[82]。诗意的想象、文学的幻想将"陌生者"想象成"同

---

1 海德格尔将德语中表示"想象"的词汇 Einbildung 分解成 Ein-Bildung，即"构成想象"。

者"。倘若不包含"陌生者","同者"便大行其道。在同质化的地狱中,诗意的想象力已然死亡。彼得·汉德克也援引策兰的话:"伟大的幻想——飘然远走,却引出了具有瓦解力的'包含'。"[83] 因为幻想中包含着"陌生者",它便动摇了"同者",动摇了名称的一致性(Identität des Namens):"幻想渗透入'我'(a),将'我'转变为'无人'(b),并将'我'打造成'说话者'(c)。"[84] 作为不具名的、谁也不是的说话者,诗人以全然他者的名义诉说着。

艺术讲究超越自我。致力于艺术的人皆是忘我的。艺术打造了一个"远我"(Ich-Ferne)。[85] 它忘我地前往"茫然失所",前往陌生之境:"也许——我只是问一下——也许诗歌也和艺术一般,与忘我的自我为伴,去到那'茫然失所',那陌生之境。"[86] 如今,我们不再是诗意地栖居在这大地上。我们将自己安置在数字化的舒适区内。我们丝毫称不上"无名"或者"忘我"。在"自我"所居住的数字化网络中,所有的陌生、所有的"茫然失所"都消失不见了。数字秩序没有诗意。在数字秩序之下，我们只是在同质化的数字空间里游移。

如今的超交际抑制着"沉默"与"孤独"的自由空间，只有在这样的空间里，人们才能道出那些真正值得被道出的东西。它抑制着语言，而"沉默"本质上也是一种语言。这种语言在寂静中浮现。失去了这种寂静，语言已然成了噪声。策兰曾说，诗歌中蕴含着一种"对默然的强烈偏好"。交际噪声使人无法静静聆听。作为一项诗学原则，"自然"唯有在聆听的原始被动性中才能展露真容："恰如海波里恩（Hyperion）[1]在大自然面前不断吟咏的诗句'我整个身心沉默不语、静静聆听'：这默然的身心实际上是与'听'有关，而不是'看'。"[87]

法国作家米歇尔·布托尔（Michel Butor）洞察

---

[1] 希腊神话中的早期神祇，十二泰坦之一，光之神，太阳、月亮和黎明之父。

了当代文学的危机，他将其看作一场精神危机："十到二十年来，文学领域几乎一片荒芜，寸草未生。出版物如潮水般涌现，精神世界却一片死寂。其原因就是一场交际危机。全新的交际手段固然令人赞叹，但它们却导致巨大的噪声。"[88] 他者的"无声之音"在今日同者的喧嚣中死去。文坛危机的源头乃是他者的消失。

诗歌与艺术在前往他者的途中。对他者的渴求是它们的本质特征。在题为《子午线》(*Meridian*)的演讲中，策兰明确地将诗歌和他者联系起来："……我想，这从来就是诗歌的一种希望……以一个他物（ein Anderes Sache）身份诉说——谁知道呢，也许是以一个全然他物（ein ganz Anderes Sache）的身份诉说。"[89] 只有在与他者的遭遇之中，在"遭遇"的神秘之中，在面对一个"相对"之时，才会产生诗歌："诗歌想走向'他者'，它需要这个'他者'，它需要一个'相对'。诗歌探访它，向它倾诉心声。对于驶向'他者'

的诗歌来说,每一物、每个人都是这个'他者'的一个形状。"[90] 构成"相对"的,不仅是每个人,还有每一物。诗歌也呼唤"物",在其"他性"中与之遭遇,和它建立一种对话式的关系。对诗歌来说,一切都以"你"的形式显现。

作为他者而存在的"相对"越来越从今天的感知和交际中消失了。"相对"愈发堕落为镜子,在它身上人们照出自己。人们关注的焦点完全在自我身上。想必艺术和诗歌的职责就在于,为感知去除镜面属性(entspiegeln),使它向"相对"、他者、他物开放。如今的焦点政治(Politik der Aufmerksamkeit)和焦点经济(Ökonomie der Aufmerksamkeit)却将它对准自我。它服务于自我生产。人们愈发将其从他者身上剥离,将其引向自我。如今,我们为了成为被关注的焦点而无所不用其极。为了博取关注,我们彼此都成了橱窗。

策兰的焦点诗学(Poetik der Aufmerksamkeit)与

当今的焦点经济相对立。它将注意力（Aufmerksamkeit）独独奉献给他者："'注意力'——请允许我在这里引用瓦尔特·本雅明关于卡夫卡的论文里马勒伯朗士的话——'注意力是灵魂天性的祈祷'。"灵魂始终秉持着祈祷的姿态。它一直在追寻。它是对全然他者发出的声声呼请。列维纳斯也认为，注意力意味着"以呼请他者为前提"的"意识盈满"（Mehr an Bewußtsein）。表现得全神贯注则意味着"承认他者的掌控地位"[91]。如今，焦点经济恣意横生，既遮蔽了焦点诗学，也掩盖了焦点伦理。它出卖他者，揭露其隐秘。焦点经济将自我时间统一化。相反，焦点诗学却发掘出属于他者自己的、最本己的时间，即他者时间（Zeit des Anderen）。诗歌让"他者身上最本己的部分和自己一起说：它的时间"[92]。

诗歌寻求与他者对话："诗歌成为……一位感知者——仍处在感知过程中的感知者——的诗歌，与显现物（das Erscheinende）相对而立者的诗歌，询问显现物并与之对谈者的诗歌;这诗歌成为对话——它通常是绝望的对话。"[93] 诗歌以对话的形式发生。如今的交际是极度自恋的。它的发生完全没有"你"的存在,没有他者的呼请,而诗歌中却是"我"和"你"相互成就:"只有在对话的空间里,所言说的内容才成立,才能聚集在那正在言说、正在指称着的'我'周围。然而,所言说的内容以及那通过指称仿佛已然成为'你'的东西,也带来其'异质感'。"[94]

如今的交际不允许说出"你",不允许呼唤他者。呼唤作为"你"的他者需要一种"原始距离"(Urdistanz),而数字化交际恰恰致力于消除任何一种距离。[95] 如今我们正试图借助数字媒体,尽可能地将他者拉向我们身边。此举非但没有使我们更贴近他者,反而使他者销声匿迹。

此外,呼唤作为"你"的他者并非没有风险。人们必须得有心理准备,直面他者的"异质性"和"陌生性"。在他者身畔的种种"你—时刻"(Du-

Momente）都没有任何安全保障。"它们极度凶猛，它们挣脱了保险缰绳，所求者甚多，满足感寥寥，它们动摇了安全感，简直不可思议，又实在不可缺少。"[96] 如今的交际却力求从他者那里排除那些"你—时刻"，并将它们降格为"它"，即"同者"的水平。

他者之思考

"做自己"并不能简单地等于自由自在。"自己"也是压力和负担。做自己是把自己加载于自己身上。关于"做自己"的负担属性,伊曼努尔·列维纳斯这样写道:"在心理学和人类学的描述中,它是这样被阐释的:这个'我'已经绑在它自己身上,'我'的自由并非如宽恕般轻飘飘,相反,它一直是很沉重的,这个'我'(Ich)势必是一个'自身'(Sich)。"[97]反身代词 sich(*soi*)的意思是,这个"我"被用链子拴在一个负重的、沉重的、面貌极其相似的人身上,这个"我"被加载了一个重量,一个超重了的重量,只要"我"存在,就无法摆脱这个重量。这种存在的状态表现为"疲劳"(fatigue)。疲劳并非在于"手辛苦地举起某种重量再放下之时,而是在于就算松开手之后,那重量仍然附着于手掌之上"[98]。人们可以把抑郁看作自我之现代存在论上的一种病态发展。正如阿兰·埃亨伯格所说,它是自我疲劳(Fatigue d'être soi)。在新自由主义生产关系中,本体的负担无限加重。负担最大化的终极目标就是生产率最大化。

海德格尔所称的"此在"永不疲劳。这种不知疲倦的能力,这种对"做自己之能"(Selbst-sein-Können)的强调,控制着自我的本体。海德格尔甚至将死亡视作把握自我的绝佳可能性(Möglichkeit)。面对死亡,一种深刻的"我—是"(Ich-Bin)苏醒了。对列维纳斯来说,死亡则表现为"不能之能"(Nicht-können-Können),一种极端的被动性。死亡绝对就是"不可能性"(Unmöglichkeit)。它以这样一种事件形式来临,面对这一事件,主体放弃自身的任何英雄气概、能力、可能性和主观能动性:"在领会到濒临死亡之痛苦中——还在现象层面——主体会有由'主动'掉头转向'被动'之举动。"[99] 这种面对死亡时的"不能之能"类似于与他者的关系,列维纳斯称这种关系为"爱欲"。列维纳斯认为,爱欲"和死亡如出一辙"。它是一种与他者的关系,一种"不可能被阐释成'能'"的关系。[100] 恰恰是"不能之能"的被动性开启了通往他者的大门。

"能"完全就是"我"的情态动词。如今的新自由主义生产关系迫使"能"统一化,这种统一化的"能"使"我"对他者茫然无睹。它导致他者的消失。过劳和抑郁是破坏性的"能"留下的沙漠。

"不能之能"表现为另外一种疲劳,一种对他者的疲劳。它不再是"我—疲劳"。因此,列维纳斯用 lassitude 来代替 fatigue。"原始疲劳"(lassitude primordiale)[101] 指的是一种极端的被动性,摒弃一切"我"的主观能动性。它开启他者的时间。与此相反,fatigue 则源于自我的时间。最初始的疲劳开启一个任何"能"、任何主观能动性都不可及的空间。面对他者时,"我"是软弱的。对他者来说,"我"也是软弱的。恰恰在这种"不能之能"的形而上的软弱中,一种对他者的渴求苏醒了。只有通过"做自己"之存在中的一道裂隙,只有通过"存在之软弱"(Seinsschwäche),他者才能来临。即使主体所有的需求都得到了满足,它仍然追寻他者。需求是针对自己的。渴望的轨道却在自身之外。自身的重力将"我"深深拉进自身,"渴望"被从这种重力中解放出来。

唯有爱欲有能力将"我"从抑郁中、从自恋的纠缠中解放出来。如此看来,他者是一道救赎公式。唯有那将"我"从"自我"中抽离、将"我"推向他者的爱欲才能战胜抑郁。抑郁的功能主体完全脱离了他者。对他者的渴求,或者说召唤,或者"转向他者"[102],或许会砸开自恋的外壳,成为一种形而上的抗抑郁剂。

列维纳斯还曾写道,遭遇一个人,意思是"被一个谜题所牢记"[103]。如今,我们已经不具备将他者作为谜题或者秘密的经验。他者现在完全屈服于追逐利益的目的论,屈服于经济上的计算与评估,变得透明了。它被降级为一个经济客体。相反,作为谜题的他者是坚决拒绝被利用的。

"爱"始终以异质性为前提,而且不仅关乎他者的异质性,也关乎一个人自身的异质性。人的二重性构建了其对自身的爱:"相对于'理解',相对于欣喜地发现另外一个人用其他的、与我截然相反的方式生活、行事和感知,爱到底有何不同呢?如果爱要用快乐来克服这些'其他'与'相反',那么它就不可以丢弃、否认它们。——即便是'自爱'也包含着一个人身上不可融合的二重性(或多重性),这是个前提。"[104]

当所有的二重性都被抹除,人就会溺毙在自我之中。失去了二重性,人就会与自我熔在一起。这种自恋式的核熔毁(Kernschmelze)是致命的。阿兰·巴迪欧将"爱"称作"双人舞台"（Bühne der Zwei）。[105]爱使我们能够从他者的视角重新创造这个世界，抛弃那些习以为常之事物。它是一场开启全然不同之事物的事件。与此相反，如今的我们却流连于单人舞台（Bühne der Eins）。

面对这被新自由主义生产关系专门培育的、为提高生产率而被剥削殆尽的、病态放大的自我，人们急需再次从他者出发、从与他者的关系出发来审视生活，给予他者伦理上的优先权，倾听他者之言并做出回应。对列维纳斯来说，用来"说"（dire）的语言无异于"一个人对另一个人的责任"[106]。如今，作为他者之语言的"原始语言"已经在超交际的噪声中消亡了。

倾　听

将来或许会产生一种职业，叫作"倾听者"，为他人奉献其听觉并收取酬劳。人们去找倾听者，因为除此之外几乎再无其他人可以听他说话。如今，我们越来越丧失倾听的能力。妨碍倾听的罪魁祸首便是日渐严重的自我聚焦，是社会的自恋化倾向。那喀索斯（Narziss）对女神厄科（Echo）[1]的求爱之语无动于衷，这求爱之语或许就是他者的声音了。如此一来，她便沦落至不断重复自己的声音。

倾听并非被动的行为。它的突出之处在于一种独

1　那喀索斯和厄科均为希腊神话中的人物，Narziss 意为"水仙花"，Echo 意为"回声"。

特的主动性。"我"首先必须对他者表示欢迎，也就是说，肯定他者的"他性"。然后"我"将听觉赠予他。倾听是一个馈赠、一种给予、一份礼物。在倾听的帮助下，他者才能去倾诉。它并非被动地追随他者之言谈。从某种意义上说，倾听先行于倾诉。在他者开口之前，"我"便已经在倾听，或者说，"我"做倾听之态，以使他者开口。是"倾听"邀请他者去"倾诉"，解放他，让他显露出"他性"。倾听者是一个共振空间，在这个空间里，他者畅所欲言。因此，倾听有治愈之功效。

埃里亚斯·卡内蒂（Elias Canetti）[1]将赫尔曼·布洛赫（Hermann Broch）[2]提升到一个理想倾听者的高度。他将其听觉无私地奉献给他者。他热情好客的、耐心倾听的"沉默"邀请他者侃侃而谈："人们可以畅所欲言，他接纳一切，人们只有在没有将话说

---

[1] 英籍犹太作家、评论家、社会学家及剧作家，主要用德语创作。
[2] 奥地利小说家，著有《梦游者》《维吉尔之死》等。

尽、说透之时，才会感到不自在。然而在与其他倾听者的谈话中，有时候会来到某个时刻，此时人们突然收住，对自己说：'停！就到这里吧，不要再说下去了！'人们原本期望吐露心声，此刻却变得危险了——因为，人们如何才能再次回归自己？之后人们又当如何再次独处？——此情此景在布洛赫那里永远不会出现，没什么会喊停，人们不会在任何地方撞上警告牌或警示标识，虽然跌跌撞撞，人们却仍越行越远、越走越快，仿佛喝醉了酒一般。你会惊奇地领略到，一个人到底有多少话去谈论他自己，一个人越敢说，越忘情，说起话来就会越滔滔不绝。"[107]布洛赫的沉默是友好的，是热情好客的。为了他者，他将自己完全撤回。他全神贯注地倾听，不插一言。

布洛赫的沉默是一种热情好客的沉默，这与分析家的沉默不同，分析家听见一切，却并未真正倾听他者。热情好客的倾听者将自己放空为他者的共振空间，将他者搭救进来。只是倾听而已，便有治愈之效。

根据卡内蒂的说法，倾听者的沉默中只会"间或出现细微的、清晰可闻的呼吸声，这呼吸声向说话者证明，他不仅被倾听着，而且被吸纳着，仿佛你每说一句话就踏进一栋房子，并在那里从容落座"。这些细微的呼吸声是热情好客的信号，是一种不带任何评判色彩的鼓励。它们是最低限度的反应，因为深思熟虑的词句会意味着评判，会等于表达了立场。卡内蒂指出一种独特的"停顿"（Stocken），它等同于避免去评判。倾听者对于评判是非常克制的，仿佛每一个评判都等同于一种偏见，这偏见很可能就是对他者的背叛。

倾听的艺术就是呼吸的艺术。对他者的友好吸纳是吸气，但并非将他者吞并，而是容纳、庇护他者。倾听者清空自己。他成为无关紧要者（Niemand）。这种"空"就是他的热情好客："他仿佛海纳百川，为了去庇护所有。"[108]

倾听者对他者负责任的态度表现为耐心（Geduld）。

耐心的被动性是倾听的第一准则。倾听者全心全意地将自己交给他者。这种托付是倾听的另一条伦理准则。单单这一点就阻止了人们耽于自己（sich selbst gefällen）。"自我"是没有能力去倾听的。作为他者共振空间的"倾听之所"只有在"自我"停摆时才能开启。对"自我"的迷恋被对他者的癫狂与渴求取代。

倾听者的"烦"（die Sorge）是针对他者的，这与海德格尔理论中针对自己的"烦"截然相反。出于为他者担忧，卡内蒂愿意去倾听。"倾听"帮助他者打开心扉："最重要的是和陌生者交谈。然而，人们必须这样做，才能让他们开口，在此期间人们所要做的唯一一件事就是：让他们开口说话。如果做不到这样，那么死亡就开始了。"[109] 这种死亡不是"我"的死亡，而是他者的死亡。我的话语、我的判断，甚至是我的热情都会使他者身上的一些东西消亡："让每个人说话吧：你不要说话；你的话语会夺走他人的形象。你的热情会模糊他人的界线；当你说话的时候，他们不再认识自己；他们就成了你。"[110]

"点赞"的文化拒绝任何形式的伤害和冲击。凡是想要完全逃避伤害的人终将一无所获。任何深刻的经验、洞见皆存在于伤害的否定性之中。单纯的"点赞"完全就是经验的最低等级。埃里亚斯·卡内蒂将两种不同的精神区分开来，"那些在伤口里安家的，和那些在房子里安家的"[111]。"伤口"即"豁口"，他者由此走进来。它也是为他者敞开的耳朵。那些完全宅在家里的人，那些把自己锁在房子里的人，是没有能力去倾听的。房子保护着"自我"免遭他人的入侵，而伤口打破居家的、自恋的内在。因此，它成为向他者敞开的大门。

在同类的交际中，我们通常有一个具体的收件人，一个"个人"作为对象。相反，数字化的交际则推动着一种膨胀的、非个人化的交际，一种即便没有"个人"作为对象、没有目光和声音也能成立的交际。

比如我们在推特（Twitter）上不断地发出消息。但这些消息并非发给某一个具体的人，它们面向的是"无人"。社交媒体未必会促成一种讨论的文化。它们通常被冲动所操纵。"狗屎风暴"（shitstorm）是毫无目标的冲动的洪流，无法构成公共话语。

我不必求助于某个"个人"对象，从网络上就能找到信息。我也不必前往公共领域去获取信息或购买商品，而是让它们被送上门来。数字化交际将我联入网中，但同时也使我孤立于他人。它虽然消灭了距离，然而，"无距离"却产生不了人与人的切近。

没有他者的存在，交际就沦为一场加速的信息交换。它造就的不是关系（Beziehung），而仅仅是连接（Verbindung）而已。它是一场没有邻人的交际，没有一丝一毫彼此相邻的切近，而倾听则与信息交换全然不同。在倾听之际根本就没有"换"。没有"毗邻"和"倾听"就无法形成"共同"。"共同"就是彼此倾听。

人们在脸书（Facebook）上不会提及关乎我们大家的、可以讨论的问题，而主要是发布一些不需要讨论的、只为凸显发布者形象的广告。在那里，人们不会想到，他者可能有着烦恼和痛苦。在"点赞"的共同体中人们只会遇到自己，或者和自己相同的人。那里也不可能形成讨论。政治空间是一个人们可以在那里遇见他者、和他者交谈并倾听他者的空间。

倾听具有政治维度。它是一种行为，一种对他者存在和他者痛苦的主动参与。它居中调和，将人类联结成一个共同体。如今，我们所闻甚多，但是却越发忘记了如何去倾听他者，如何将自己的听力赠予他们的语言、他们的痛苦。如今的每个人，或多或少都要独自面对自己，面对自己的痛苦、自己的恐惧。痛苦变得私人化、个性化了。因此，它成了人们胡乱拿来医治自己、修补心灵的工具。人人羞愧，人人自责，为自己的软弱，也为自己的不足。在"我"的痛苦和"你"的痛苦之间，人们没能建立起联系。由此，"痛苦"的社会性就被忽视了。

如今的统治策略是将痛苦和恐惧私人化,并以此来遮掩其社会性,即防止其社会化、政治化。"政治化"意味着将"私人的"转换为"公共的"。如今,人们更多地是将"公共的"化解为"私人的"。公共环境被瓦解成私人空间。

形成一个公共空间、一个倾听共同体,打造政治听众的政治意愿正急速消亡。数字化的联网更加剧了这一趋势。如今的互联网并非一个共享、交流的空间。相反,它瓦解为一个个人们主要用来展览自我、宣传自我的空间。今日的互联网无异于一个属于孤立之自我的共振空间。宣传广告是不会倾听的。

从米切尔·恩德(Michael Ende)的作品《毛毛》(*Momo*)中,人们可以勾勒出一套倾听的伦理。小女孩毛毛的过人之处首先是时间财富:"时间是毛毛唯一富有之物。"毛毛的时间是一种特别的时间,是他者的时间,即毛毛给予他者的时间,给予的方式就是她倾听他者诉说。人们对毛毛的倾听能力赞叹不已。她扮演着倾听者的角色:"小毛毛能他人所不能,她会倾听。也许有些读者会说,这没什么特别啊,任谁都会倾听。其实不然。只有极少数人真正会倾听。像毛毛这般擅长此道者,那更是绝无仅有。"毛毛就坐在那里听着。她的倾听效用如同奇迹。她带给人们的想法是人们自己永远想不到的。毛毛的倾听实际上让人回想起赫尔曼·布洛赫那热情好客的倾听,那解放他者自我的倾听:"她(毛毛)用她那双漆黑的大眼睛望着对方,被这样望着的人感觉到,想法是如何在脑海中突然浮现,这些想法早已存在于此,而他却浑然不知。她是如此擅长倾听,以至于彷徨者、犹豫不决者豁然开朗,明白自己所想所求。或者使羞怯者瞬间感觉到自由和勇气。或者让不幸者、抑郁者变得快乐而充满信心。如果有人认为,自己的人生完全是错误的、毫无意义的,自己只是数百万人中微不足道的、可以随时被替换掉的一个,就像替换一个坏了的锅一样——那么他去小毛毛那里，向她倾诉一切，随即，甚至还在他倾诉的过程中，他就以一种神秘的方式突然明白，自己这么想是大错特错，明白即使就是他现在的样子，他也是千万人当中独一无二的存在，因此，他对这个世界来说是重要的，以自己独特的方式。毛毛就是如此擅于倾听啊！"倾听将属于每个人的"特质"归还给他。仅仅通过纯粹的倾听，毛毛就能平息争端。倾听具有和解、治愈、救赎之效："还有一次，一个小男孩将他那不愿意歌唱的金丝雀带到她面前。这对毛毛来说是比以往更为艰巨的任务。她不得不足足倾听了一周之久，直至它终于又开始婉转鸣唱。"

喧闹的倦怠社会（Müdigkeitsgesellschaft）听力全无。相比之下，未来的社会或可称为倾听者与聆听者的社会。如今人们需要的是一场时间革命，开启一种完全不同的时间。当下正是需要再度发现他者时间的时候。如今的时间危机并非自我时间的加速度，而是自我时间的统一化。他者的时间与效绩的增长逻辑南辕北辙，这种增长逻辑迫使人们不断加速。新自由主义的时间政策消除了他者的时间，对它来说他者的时间是没有生产力的。自我时间的统一化伴随着生产的统一化，它触及当代生活的各个领域，并导致对人的全面剥削。新自由主义的时间政策同样也消除了节日和庆典的时间，因为它们也是与生产逻辑相违背的。

注 释

[1] Martin Heidegger, *Vorträge und Aufsätze*, Pfullingen 1954, S. 187.

[2] Eli Pariser, *Filter Bubble. Wie wir im Internet entmündigt werden*, München 2012, S. 22.

[3] Martin Heidegger, *Unterwegs zur Sprache*, Pfullingen 1959, S. 159.

[4] Max Scheler, *Liebe und Erkenntnis*, Bern 1970, S. 28.

[5] Paul Celan, *Gesammelte Werke in sieben Bänden*, Frankfurt am Main 2000, Bd. 2, S. 89.

[6] Vilém Flusser, *Kommunikologie weiter denken. Die Bochumer Vorlesungen*, Frankfurt am Main 2009, S. 251.

[7] Walter Benjamin, *Das Passagen-Werk*, Gesammelte Schriften, Bd. V.1, Frankfurt am Main 1998, S. 560.

[8] Jean Baudrillard, *Das Andere selbst. Habilitation*, Wien 1987, S. 39.

[9] Jean Baudrillard, *Die fatalen Strategien*, München 1991, S. 65.

[10] Ebd., S. 60.

[11] Ebd., S. 61.
[12] Carl Schmitt, *Theorie des Partisanen. Zwischenbemerkung zum Begriff des Politischen*, Berlin 1963, S. 87 f.
[13] Jean Baudrillard, *Der Geist des Terrorismus*, Wien 2002, S. 54.
[14] Jean Baudrillard, *Transparenz des Bösen. Ein Essay über extreme Phänomene*, Berlin 1992, S. 86.
[15] Jean Baudrillard, *Der Geist des Terrorismus*, a. a. O., S. 54.
[16] Winfried Menninghaus, *Ekel. Theorie und Geschichte einer starken Empfindung*, Frankfurt am Main 1999, S. 7.
[17] Vgl. Theodor W. Adorno, *Negative Dialektik*, Frankfurt am Main 1966, S. 190.
[18] Immanuel Kant, *Zum ewigen Frieden. Ein philosophischer Entwurf*, Werke in 10 Bänden, hrsg. Von Wilhelm Weischedel, Darmstadt 1983, Bd. 9, S. 226.
[19] Ebd., S. 213.
[20] Friedrich Nietzsche, *Nachgelassene Fragmente Juli 1882 – Winter 1883 – 1884*, Kritische Gesamtausgabe VIII, Berlin/New York 1977, S. 88.
[21] Friedrich Nietzsche, *Die fröhliche Wissenschaft*, Kritische Gesamtausgabe, Bd. V2, Berlin/New York 1973, S. 240.
[22] Roland Barthes, *Die helle Kammer*, Frankfurt am Main 1985, S. 45.
[23] Sigmund Freud, *Vorlesungen zur Einführung in die Psychoanalyse und Neue Folge*, Frankfurt am Main 1975, S. 406.
[24] Sigmund Freud, *Psychologie des Unbewussten*, Frankfurt am

Main 1989, S. 259.

[25] Vgl. Karl Heinz Bohrer, *Authentizität und Terror*, in: Nach der Natur. Über Politik und Ästhetik, München 1988, S. 62.

[26] Martin Heidegger, *Sein und Zeit*, Tübingen 1977, S. 189.

[27] Ebd., S. 126.

[28] Ebd., S. 178.

[29] Ebd., S. 245.

[30] Martin Heidegger, *Prolegomena zur Geschichte des Zeitbegriffs*, Gesamtausgabe Bd. 20, Frankfurt am Main 1994, S. 433.

[31] Martin Heidegger, *Beiträge zur Philosophie (Vom Ereignis)*, Gesamtausgabe, Bd. 65, Frankfurt am Main 1989, S. 285.

[32] Martin Heidegger, *Vorträge und Aufsätze*, a. a. O., S. 177.

[33] Georg Wilhelm Friedrich Hegel, *Phänomenologie des Geistes*, Hamburg 1952, S. 30.

[34] Martin Heidegger, *Die Grundbegriffe der Metaphysik. Welt-Endlichkeit-Einsamkeit*, Gesamtausgabe, Bd. 29/30, Frankfurt am Main, dritte Auflage 2004, S. 193.

[35] Ebd., S. 212.

[36] Martin Heidegger, *Wegmarken*, Frankfurt am Main 1967, S. 103.

[37] Ebd., S. 102.

[38] Martin Heidegger, *Parmenides*, Gesamtausgabe, Bd. 54, Frankfurt am Main 1982, S. 249.

[39] Zitiert in: Philippe Mengue, *Faire l'idiot. La politique de Deleuze*, Editions Germina 2013, S. 7.

[40] Martin Heidegger, *Brief über den Humanismus*, Frankfurt am

Main 1947, S. 9.
[41] Heinz Bude, *Gesellschaft der Angst*, Hamburg 2014, S. 26.
[42] Ebd., S. 24.
[43] Peter Handke, *Phantasien der Wiederholung*, Frankfurt am Main 1983, S. 13.
[44] Jean Baudrillard, *Das Andere selbst*, a. a. O., S. 23.
[45] Paul Celan, *Die Gedichte. Kommentierte Gesamtausgabe*, hrsg. von Barbara Weidemann, Frankfurt am Main 22003, S. 100.
[46] Karl Marx, *Ökonomisch-philosophische Manuskripte*, Hamburg 2005, S. 56 f.
[47] Ebd., S. 57.
[48] Martin Heidegger, *Schöpferische Landschaft. Warum bleiben wir in der Provinz*, in: Denkerfahrungen, 1910—1976, Frankfurt am Main 1983, S. 9 – 13, S. 13.
[49] Hubert Winkels, *Leselust und Bildermacht. Literatur, Fernsehen und Neue Medien*, Köln 1997, S. 89 f.
[50] Peter Handke, *Eine winterliche Reise zu den Flüssen Donau, Save, Morawa und Drina oder Gerechtigkeit für Serbien*, Frankfurt am Main 1996, S. 71.
[51] Martin Heidegger, *Der Satz vom Grund*, Pfullingen 1967, S. 140.
[52] Maurice Blanchot, *Thomas der Dunkle*, Frankfurt am Main 1987, S. 21.
[53] Jacques Lacan, *Die Ethik der Psychoanalyse*, Berlin 1995, S. 305.
[54] Jacques Lacan, *Die Angst*, Wien 2010, S. 316.

[55] Vgl. *Ein Triumph des Blicks über das Auge. Psychoanalyse bei Alfred Hitchcock*, hrsg. von Slavoj Žižek, Wien 1992.

[56] Jean-Paul Sartre, *Das Sein und das Nichts. Versuch einer phänomenologischen Ontologie*, Hamburg 1952, S. 344.

[57] Michel Foucault, *Überwachen und Strafen*, Frankfurt am Main 1976, S. 259.

[58] George Orwell, *1984*, Berlin 2004, S. 6 f. Hervorhebung B. Han.

[59] Franz Kafka, *Das Schloß*, Kritische Ausgabe, hrsg. von Malcolm Pasley, Frankfurt am Main 1982, S. 36.

[60] Ebd., S. 60.

[61] Franz Kafka, *Forschungen eines Hundes*, Kritische Ausgabe, Nachgelassene Schriften und Fragmente, Bd. 2, Frankfurt am Main 1992, S. 423 – 482, hier: S. 479.

[62] Franz Kafka, *Briefe an Milena*, hrsg. von W. Haas, Frankfurt am Main 1983, S. 39.

[63] Roland Barthes, *Rauheit der Stimme*, in: Der entgegenkommende und der stumpfe Sinn. Kritische Essays III, Frankfurt am Main 1990, S. 269 – 278, hier: S. 277.

[64] Franz Kafka, *Briefe an Milena*, a. a. O., S. 302.

[65] Roland Barthes, *Rauheit der Stimme*, a. a. O., S. 271.

[66] Ebd., S. 272.

[67] Ebd., S. 273.

[68] Novalis, *Briefe und Werke*, hrsg. von P. Kluckhohn, Berlin 1943, Bd. 3, Nr. 1140.

[69] Daniel Paul Schreber, *Denkwürdigkeiten eines Nervenkranken*,

hrsg. von Samuel M. Weber, Frankfurt am Main 1973, S. 352.
[70] Ebd., S. 354.
[71] Immanuel Kant, *Kritik der praktischen Vernunft*, Werke in 10 Bänden, a. a. O., Bd. 6, S. 146 f.
[72] Martin Heidegger, *Sein und Zeit*, a. a. O., S. 268.
[73] Ebd., S. 163.
[74] Martin Heidegger, *Der Satz vom Grund*, a. a. O., S. 91.
[75] Martin Heidegger, *Erläuterungen zu Hölderlins Dichtung*, Gesamtausgabe, Band 4, Frankfurt am Main 1991, S. 168 f.
[76] *Briefe Martin Heideggers an seine Frau Elfriede 1915—1970*, München 2005, S. 264.
[77] Paul Celan, *Der Meridian. Endfassung – Entwürfe – Materialien*, hrsg. von B. Böschenstein u. a., Frankfurt am Main 1999, S. 11.
[78] Theodor W. Adorno, *Ästhetische Theorie*, Gesammelte Schriften, hrsg. von R. Tiedemann, Bd. 7, Frankfurt am Main 1970, S. 191.
[79] Ebd.
[80] Paul Celan, *Der Meridian*, a. a. O., S. 5.
[81] Martin Heidegger, *Vorträge und Aufsätze*, a. a. O., S. 195.
[82] Paul Celan, *Der Meridian*, a. a. O., S. 7.
[83] Peter Handke, *Die Geschichte des Bleistifts*, Frankfurt am Main 1985, S. 353.
[84] Ebd., S. 346.
[85] Paul Celan, *Der Meridian*, a. a. O., S. 6.
[86] Ebd.
[87] Peter Handke, *Die Geschichte des Bleistifts*, a. a. O., S. 352.

[88] *ZEIT*-Interview vom 12. 7. 2012.
[89] Paul Celan, *Der Meridian*, a. a. O., S. 8.
[90] Ebd., S. 9.
[91] Emmanuel Lévinas, *Totalität und Unendlichkeit. Versuch über Exteriorität*, Freiburg/München 1987, S. 259.
[92] Paul Celan, *Der Meridian*, a. a. O., S. 9 f.
[93] Ebd., S. 9.
[94] Ebd.
[95] Vgl. Martin Buber, *Urdistanz und Beziehung*, Heidelberg 1978.
[96] Martin Buber, *Ich und Du*, Stuttgart 1995, S. 34.
[97] Emmanuel Lévinas, *Die Zeit und der Andere*, Hamburg 1984, S. 30.
[98] Emmanuel Lévinas, *Vom Sein zum Seienden*, Freiburg/ München 1997, S. 40.
[99] Emmanuel Lévinas, *Die Zeit und der Andere*, a. a. O., S. 45.
[100] Ebd., S. 58.
[101] Emmanuel Lévinas, *Jenseits des Seins oder anders als Sein geschieht*, Freiburg/München 1992, S. 124.
[102] Ebd., S. 321.
[103] Emmanuel Lévinas, *Die Spur des Anderen. Untersuchungen zur Phänomenologie und Sozialphilosophie*, Freiburg/München 1983, S. 120.
[104] Friedrich Nietzsche, *Menschliches, Allzumenschliches II*, Kritische Gesamtausgabe, Bd. IV3, Berlin 1967, S. 408.
[105] Alain Badiou, *Lob der Liebe. Ein Gespräch mit Nicolas Truong*,

Wien 2011, S. 39.

[106] Emmanuel Lévinas, *Jenseits des Seins oder anders als Sein geschieht*, a. a. O., S. 29 f.

[107] Elias Canetti, *Das Augenspiel. Lebensgeschichte 1931—1937*, München 1985, S. 36.

[108] Ebd., S. 32.

[109] Elias Canetti, *Die Provinz des Menschen. Aufzeichnungen 1942—1972*, München 1970, S. 307.

[110] Elias Canetti, *Die Fliegenpein. Aufzeichnungen*, München 1992, S. 64.

[111] Elias Canetti, *Die Provinz des Menschen*, a. a. O., S. 314.